社長、建設価格が底値をつけました!

作本義就 著

セルバ出版

はじめに

近年、建設にかかる費用は上昇する一方となっています。

建設には大きく、人材にかける労務費と、建材や機器などにかける材料費、この2つに分けられます。その労務費と材料費、どちらもが建設価格上昇に拍車をかけています。

その理由は本書の中でくわしく紐解くとして、まず伝えたいのは、この先も「建設価格が下がる見込みはない」という点です。

「もう少し相場が落ち着くまで待とう」

建設価格の高騰から、建設計画を先送りする方がいますが、その判断はひょっとするとさらなる機会損失を生んでしまうかもしれません。

建物価格は、今が底値の可能性が高いのです。

現在、建物を所有するオーナーや企業は大きな決断を迫られています。

オフィスや投資物件なら見栄えや安全性を高めて人を集めるため、営業所であれば生産性や収益性を改善するため、老朽化した建物をリニューアル必要があります。日本にある多くの建物は高度経済成長期からバブル期に建てられた、完成から50年を経た建物で、そろそろ寿命がやって来ます。建て直しもしくは若返りのための改修は必須です。

同時に、人口減を端とした人手不足解消のため、建物の近代化も避けては通れません。人材が少なくても経営が健全に巡る建物づくり、できるだけ人の負担が減る過ごしやすい建物づくりを施さないと、人離れを加速させることとなります。

そして極め付けは自然災害への対策です。私たちの生産活動の中で発生した温室効果ガスを引き金に気候変動が起こり、全国至る所で自然災害が頻発し、近年はその被害規模も大きくなるばかりです。築年数を経た建物は、これら激甚化する自然災害を想定して建てられているものではありません。対策は急務であり、放っておいたら地震や水害、火山噴火などでとんでもない被害を招くことになります。

とはいえ、最初に戻って、建設価格が上がっているこのご時世では、建て直しや改修工事を建設会社へ依頼するのは躊躇してしまいます。

建設計画という、人生で数回あるかどうかの体験において、そしてこのご時世の中で、負担をできる限り落としながらクオリティーの高い建物を建てるにはどうするべきか。そのためのアイデアを詰め込んだのが本書になります。

私は工事を依頼する発注者サイドと、工事を担当する建設会社サイド、両者の中間に立って、建物にかかわるすべての人にとっての「最良の建設計画」を進めていくお手伝いを仕事としています。かかわった工場建設の案件数は全国でもトップレベル、ほかに倉庫や研究所、マンション、オフィスビルやレストランなど、あらゆる建物づくりにもかかわってきました。

建設会社サイドが提出する見積書の精査を行い、不明瞭な点は指摘し、発注者サイドのコストが予算内に収まるよう計画をブラッシュします。たくさん案件にかかわっているからこその知識と経験を駆使し、計画されている工法よりもより優れた工法を提案することもしばしばあります。

私のような建設にくわしい第三者的な立場を置くことで、建設会社サイドは発注者サイドからの無理な要求に困惑することはなくなりますし、発注者サイドは「建設会社に足元を見られているのではないか」という不安から解放されます。

工事のコストダウンポイントや前衛的なソリューションはいろいろあります。本書からそのヒントをつかみ取ってください。「昨今は建設価格が高騰しているので」という建設会社サイドの都合のいい言い訳で煙に巻かれることなく、余計な費用を払わず、理想の建物を建てるためにお役立てください。

先立って、本書での表記について明記します。

工事を依頼する側を施主やクライアントと呼んだりしますが、本書では「発注者」あるいは「発注者サイド」で統一します。また工事を引き受ける側については、工事を請け負う元請けを「ゼネコン」、ゼネコンから依頼を受けて実際の施工にかかわる協力会社を「サブコン」や「施工会社」と適時使い分けます。そしてこれら工事を請け負う組織全体を「建設会社」あるいは「建設会社サイド」で統一します。

作本義就

2024年12月

目次

第2章　無駄な工事費を回避するために

第3章　建設価格はどう決まる？

第4章　環境に配慮した建物づくりの今

第5章　地方建設は成功するのか

第6章　生まれ変わる建設業界

第１章　建設価格はなぜ上がる？

●グラフで見る建設価格の推移

■工事単価が1年で14％上昇

政府統計が公開している「建築着工統計調査」によれば、２０２３年に日本で着工した工事の総床面積はおよそ1億１１２１万㎡。工事予定価格はおよそ28兆５６５２億円にも上ります。このデータから１㎡あたりの工事単価を計算すると、およそ25万６８５０円と算出できます。

２０２２年の１㎡あたりの工事単価も出してみましょう。２０２２年の工事総床面積はおよそ1億１９４６万㎡、工事予定価格はおよそ26兆７４６８億円で、１㎡あたりの工事単価はおよそ22万３８８６円です。

２０２２年から２０２３年にかけて、工事単価はおよそ14％アップと、ここ最近ではかなりの急勾配で上昇を続けています。

ちなみに工事予定価格とはあくまで「予定」の価格。実際にかかった工事コストとは違います。工事はたいてい工事の遅延や追加工事など「予想外」の事態がつきもの、つまり予定価格よりも多めにかかってしまうことが茶飯事です。よって先ほど算出した単価以上に、工事の費用はかかることが予測できます。

しかもこの政府統計の出している数字は公共工事と民間工事を合わせたもの。公共工事は比較的安値で行われることが多いため「統計上は14％アップで済んでいる」というとらえ方ができます。つまり民間工事に限れば、工事単価の上昇率はさらに上を行っていると推測できるわけです。

実際に工事にかかわっている人間の肌感覚としては、２０２２年から比べて２０２４年現在で2倍近くにまで工事価格は跳ね上がっていると感じています。決して大げさではなく本当の話です。

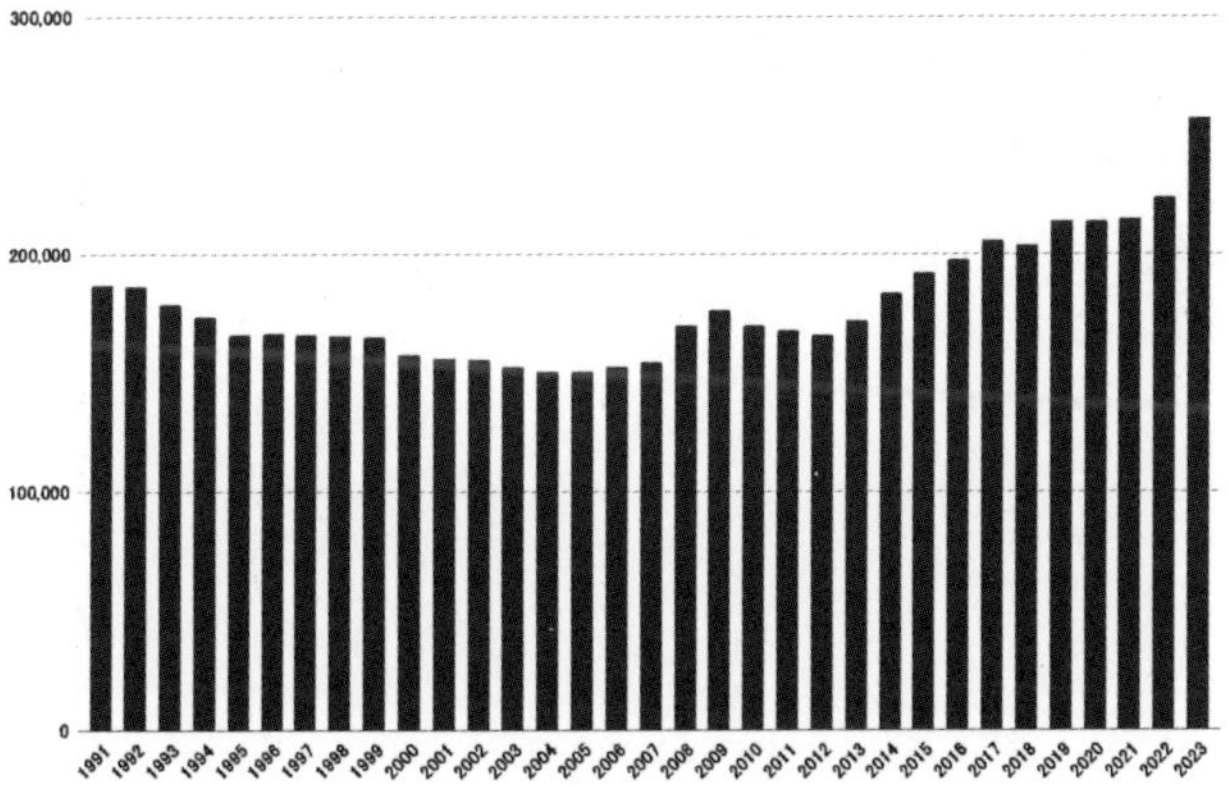

工事単価の推移（政府統計「建築着工統計調査」より算出）。2012 年以降工事予定価格はほぼ上昇を続け、2023 年は 20 万円台半ばに突入。

■バブル崩壊以降の建設価格

2022年と2023年の工事単価から見てみましたが、これを平成初期までさかのぼったグラフが前頁の図になります。

1991年は私がこの建設業界に足を踏み入れたのと同時期です。世間的にはバブルの崩壊が始まっていましたが、建設業界に関してはまだバブルの状態が続いていました。工事は2年・3年かかるのが当たり前なので、まだバブル崩壊前の案件が動いていたため、世間との時差が生じていたのです。

よって、この1991年はバブル全盛期の工事単価とほとんど差はありません。実際に私が入社した当時、建設価格はすさまじく高騰していると、もっぱらの評判でした。

さて、その後すぐ建設業界のバブルも弾けて、グラフの通り工事単価は緩やかに下っていきます。

1995年に阪神淡路大震災が発生、復興のため建設需要や建物改修需要が高まり、ここから数年は工事単価はほぼ横ばいの推移です。それが一巡すると、2000年代の半ばまでだらだらと工事単価は下降の一途、2000年後半になると少し上がります。

不思議なことにリーマンショックの渦中である2008年からしばらくの間、工事単価は上昇。一般工事の受注件数が減る一方で、公共事業建設を積極的に行う景気対策が影響を与えたのかもしれません。

２０１１年には東日本大震災が発生、被災地は津波で甚大な被害に見舞われました。建設業界では阪神淡路大震災と同様、土木工事を中心とした受注が増え、いわゆる「復興バブル」を迎えることとなります。

ここから２０１２年以降、工事単価は上がり続けることになります。

２０１２年12月の第二次安倍政権発足を端としたアベノミクスも工事価格を押し上げました。公共工事の件数を増やすことで建設業界を潤わせ、さらにそこから波及させて各業界にもお金が流れていくという刺激策は、確かに日経平均を右肩上がりとさせましたが、その分工事の単価高騰も激化させます。第２次安倍政権の終わる２０２０年までで工事単価は５万円近く跳ね上がりました。

■今が底値？

平成初期から２０２０年ごろまでのおよそ30年を、工事価格を観点にダイジェストで見ていきました。

停滞の時代といわれていた通り、平成中期は工事価格も下に歪む時期があり、１９９１年と２０２０年の工事価格を比較すると２万５０００円ほどとさほど大きな上昇は見せていません。

しかしここ最近の工事単価の上昇スピードは、平成の停滞が嘘のような加速度となっています。２０２０年から２０２３年までで、すでに４万円以上の上昇となっているのです。

そしておそらく２０２４年以降も、ここ最近ほどの上げ率ではないけれど、工場価格は上昇の一途となることでしょう。

つまり、建設価格は今が底値、最安値という予測ができるわけです。

ですから、建設工事発注を予定している方は、いますぐ発注に向けて動き出すことをおすすめします。

「もう少し建設価格が安くなるのを待とう」

なんて悠長な姿勢でいると、もっともっと建設工事価格は上がってしまい、予算の範囲内に収めることができなくなってしまいます。

「本当に建設価格は上がる一方なのだろうか」と疑問に思う方もまだいることでしょう。

そこで本章ではまず、建設価格が上がっていく理由をあげていきます。この章を通して、建設価格が今は底値であることに納得してもらうと同時に、建設業界で今何が起こっているのかを把握してもらいます。これらを踏まえた上で、本題となる建設工事が必要以上に高い買い物とならないで済む実用的なアイデアへと進んでもらいます。

●国の抜本的方針転換が生む建設需要

■建設不況とアベノミクス

建設業界は国の財政や方針と密接に絡み合っており、国の動きに大きな影響を受ける面があります。

第2次安倍政権で掲げられた「3本の矢」の施策の1つとして、公共事業への積極的な投資がありました。

建設業界が大いに盛り上がり、身入りの増えた建設会社やその関係者たちが積極的に消費を行い、経済全体が活性化していく。これが公共事業投資による経済刺激作戦であり、実際にアベノミクスの一因として一定の経済効果を与えました。

これには伏線があって、自民党政権が復活する前の２００９年より始まった民主党政権時代、「コンクリートから人へ」をスローガンに公共事業を縮小させる動きが強まりました。これまでの方針を全否定するような方針転換が、建設業界そして日本経済にブレーキをかけます。

公共事業関係費の削減はアベノミクス時とは逆の事態を招いています。すなわち、地方の工事が減ったことで建設会社の仕事がなくなり、身入りが減ったことで消費控えが加速、経済全体が冷え込むこととなったわけです。

もちろん、アベノミクス時代の公共事業への大量投資にも批判的な声もありましたが、それを凌駕するだけのプラスの効果をもたらしたのは事実です。それは経済的効果だけではなく、安倍内閣の基本方針である国土強靭化にも大きな貢献をもたらしています。たとえば、群馬県の八ッ場ダム建設事業は、民主党政権時代に事業ストップがかかりましたが、豪雨対策としても重要な役割を担う事業を中止するとは何事か、という反対の声も方々から上がっていました。

自民党政権が復権する直前、八ッ場ダム事業は再開、2020年より運用を開始しています。その前年、台風19号による豪雨災害が発生した際、当時試験運用中だった八ッ場ダムが多量の水を堰き止め「八ッ場ダムが首都圏を救った」と話題になりました。

本当に救ったのかどうか、八ッ場ダムがなければもっと深刻な被害が首都圏にもたらされたのか、その是非は議論の余地があるでしょうが、八ッ場ダム建設によって日本の災害防止力が強まったのは事実です。

今後さらに勢力の強い台風や線状降水帯が国土に豪雨を降らす可能性はあります。ダムの有無によって被害の差が出ることは明らかですから、公共事業への投資による国土強靭化は今後も継続することでしょう。

■活性化する公共事業

話が少し横道に逸れましたが、ここでいいたかったことは冒頭の通りで、「建設業界はかなり国の方針に左右される」ということです。

公共事業が積極的に行われていれば、建設会社は引っ張りだことなり、仕事も選び放題、自然と工事費も高く見積もられることになります。逆に公共事業案件が絞られていけば、建設会社は暇になり、工事費が安値で発注できる発注者有利の時代となります。

「それなら公共事業削減の政権が樹立したら、工事費は安くなるだろう」

このような理屈も浮かびますが、おそらくそのような未来は訪れないでしょう。なぜなら どの主要政党も「公共事業を減らす」というスローガンは掲げていないからです。

「人からコンクリート」を押し進めた民主党政権の末路は誰もが知っていること。公共事業を絞ることは、経済的な意味でも、国の安全を守る意味でも、間違ったやり方であるとすでに結論づけられているのです。

これからますます自然災害は激甚化していくと予測されているわけですから、より一層の国土強靭化策は進められていくはず。よって国の抜本的方針転換によって工事費が下がるという未来は絶対にあり得ないわけです。

むしろ各党の公約で見受けられるワードは「再生エネルギー」や「省エネルギー」への積極投資。また防災のための強化工事にも力を入れていくと公言する政党が多い傾向です。

これだけ公共事業への熱い投資が約束されているのですから、やはり国の方針は公共事業のより一層の活性化しか考えられません。建設業界に資金が流れていく傾向は変わらないどころか、むしろ公共事業関連の仕事はより増えていくことでしょう。

●ガタガタの組織構造が招く高騰

■経験不足な現場監督

御多分にもれずで、建設業界も人手不足にあえいでいます。

帝国データバンクの「人手不足倒産の動向調査」によれば、2023年度の人手不足や事業継承ができないことを原因とした倒産は313件と過去最多をマークしています。業種別で最多なのが建設業の94件で、全体の30％ほどを占めています。

人手不足がどこよりも深刻、それが建設業界なのです。

高度経済成長からバブルにかけての時代は、建設や土木の仕事は花形的存在でした。給料がよく、若手もたくさん押し寄せてきました。しかしバブルが弾けて以降、建設業の給料は頭打ちどころか下降を始め、「きつい・汚い・危険」の3Kのイメージだけが強くなります。

かつての花形的役割はITに取って代わられ、2000年代以降は日が当たらなくなった業界といえます。結果、人手不足倒産が後を絶たないわけです。

中でも不足している人材が「現場管理責任者」です。現場監督と呼んだほうが一般的にはピンと来るかもしれないので、以降はこの呼び名で統一します。

現場監督はただ現場に突っ立って指示を出しているだけの人、ではありません。いわば建物という船の船頭であり、優秀な人材でないと順風満帆に目的地へと漕ぎ着くことはできません。もし現場監督に十分な資質が備わっていなかったら、途中で計画が円滑に進まなくなったり、あるいはできたものに不備があったり、最悪は中止に追い込まれてしまうこともあるのです。

立派な一人前の現場監督に育つには10年かかる。私が建設会社にいた時代は当たり前のようにいわれていました。しかし人材不足の現代では、5年に満たないような経験不足の人材であっても、大きな建設案件を1人で任されるようなケースも発生していたりするのですから驚きです。そういう案件にかかわると「大丈夫だろうか」と本気で心配になります。

経験の浅い現場監督が就いたために、施工ミスが完成後に発覚、追加の改修工事を余儀なくされてしまう。そんな事態になったら損失を被るのは発注者です。たとえ金銭的な補償は建設会社サイドや保険会社が背負ってくれても、建物のフル利用が先延ばしとなってしまうのですから、かなりの痛手となってしまうことでしょう。

■中抜き構造の悲劇

現場で工事作業を担う人員も不足しています。

なぜ現場作業員が不足しているかといえば、3Kでありながら給料が安い。これに尽きてしまうでしょう。真夏や真冬の時期に屋外で長時間作業するのは過酷、それに見合った報酬が支払われていないため、現場作業員が十分に確保できないのです。

このような人材不足の窮境を生み出す根幹となっているのが「請負重層化」です。

発注者からの工事を請け負うゼネコン（総合建設業者）を「0次」としましょう。この0次だけですべての工事作業を完結できればいいのですが、そういうわけにもいきません。ゼネコンも人手不足ですし、専門的な工事は専門業者に依頼することになります。

そこで、まず0次から施工管理や労務管理を請け負う「1次」請けへと業務が託されるのです。さらにこの1次から実際の仕事を請け負う仮設業者や施工業者や設備業者といった「2次」へと仕事は流されていきます。そして各社で請け負える人材が足りていなければ、3次へと受け流され……実際に現場へと赴く作業員は4次や5次請けから派遣されている、なんて現場もあったりします。

当然、このような請負重層の中にあっては、協力会社へと流されるたびに中間手数料が発生し、最下層の受け取る報酬はかなり希薄化されています。0次が発注者へ提示した労務費はそれなりの額であっても、最下層の協力会社に属する現場作業員の取り分はかなり寂しいものとなってしまいます。

ほかの業界でも大なり小なり似たような現状を抱えていることでしょう。建設業は1回の工事で動く金額は莫大なものであり、より一層にこのような請負重層の慢性化は歓迎できないものです。

そこで大手各社も、発注者の負担軽減のため、請負重層化解消に乗り出しているようです。

近年の建設業界の傾向として、大手建設会社が中小の関係会社を傘下に置いてグループを大きくするM&Aが目立ってきています。たとえば、0次に当たる元請けゼネコンが1次協力会社を傘下に置き、さらにその1次が2次協力会社を買収するといった戦略です。こうなれば工事企画の際の構造は、もとは3層だったものが一見すると1層に圧縮されたようになるわけです。

大手のM＆Aは人手不足解消や技術力向上の名目が第一でしょうが、請負重層化の解消も理由の1つにあることでしょう。工事のほとんどを一組織内のワンストップで行える体制が築けたら、工事のスムーズ化につながりますし、中間手数料の機会が減り発注者の負担減にもつながります。アピール材料としては十分な効果が見込めそうです。

しかし実際の内部に目を向けてみると、首を傾げてしまいたくなる点がいくつか散見されます。

以前、地方の某所工事案件にかかわったときのこと。地方施工会社の担当者の名刺に、大手の建設会社名が刻まれていました。

「先日、買収されたんです」

その工事案件はかなり大掛かりなもので、大手建設会社が音頭を取り、工事を行う地域に根付いた関係各社に仕事を割り振っていました。

長期の案件につき、建設会社と地方の関係各社の連携が工事の肝。「今回の工事案件にかかわっている間は、うちの会社の傘下にいなよ」という大手建設会社の誘いに、その地方施工会社は乗ったのだとか。

確かに理屈上は、そのほうが手間を省けてメリットは大きいことでしょう。案件ごとグループ化したり離れたりする、そんな経営基盤はほかの業界から見れば異質に思えるかもしれません。しかし1案件で数年かかる大型プロジェクトもあるのが建設業界の日常です。工事が完了するまでの４年間は大手の傘下に入る、という方法も決して不思議な話ではありません。

とはいえ、実際の現場を眺めてみると、はたしてこのグループ化が発注者サイドにとってプラスとなっているのか、疑問に感じました。

グループ化するということは、大手の建設会社が傘下に置いた施工会社の社長から管理職から現場作業者まで、一切の面倒を見ることになります。現場で作業する技術者だけでなく、管理する側の人間たちも仲間に入れているわけです。

ということは、結局は工事にかかる労務コスト全体にほとんど差はありません。以前の協力会社構造のまま、大して工事費にも影響がなかったりするものです。メリットを強いてあげるなら、組織内のパワーバランスが整えられたことで「報連相がしやすくなった」程度のことでしょう。建設会社サイドにとっては旨味があっても、それが発注者サイドにまで届いているかは不明です。

「ワンストップサービスを実現」をうたっているところでも、資本関係がそうなっているだけで、実際の中身は重層化しているケースもあるわけです。「中間マージンが少ないから安く済みそう」というイメージだけで依頼をするのは危険です。

■人材不足でつり上がる施工費用

また、このような建設業界のM＆A活発化は、非常に大きな問題をはらんでいます。

それは、人材不足の根本的な問題解決にはつながっていないということです。

確かに個々の建設会社にとっては人材が増えて人材不足を補えていますが、結局は建設業界内の人材トレードが発生しただけに過ぎず、建設業界全体の母数は増えていません。

本来であれば、もっと人材の待遇をよくして、外から人材を流入させていければいいのですが、それができていないのが建設業界の現状。すなわち、現場で働く人たちの待遇面はさほど変わっていないわけです。

おまけに、人材不足でありつつも工事案件は次から次へ発生するという背景から、協力会社側も「強気」になれる時代です。

「現場作業員確保のために、受け取る報酬を引き上げたいのですが」

協力会社は元請けにそう交渉する余地を十分に有しています。ほかに選択肢がないのですから、建設会社はその要求を鵜呑みにするしかなく、その引き上げ分を負担するのは元を辿れば発注者ということになります。

仕事の流れ的には上流と下流の関係でも、立場的には協力会社が上に位置する時代です。業界外からの人材流入がない限り、この傾向を止めることはできないでしょう。

●2024年働き方改革猶予解除

■工期の長期化は避けられない

何もしなくても人材が押し寄せてきた買い手市場はもはやはるか昔。建設業界も働き方を見直していかねばなりません。

2019年4月から働き方改革関連法が施行され、時間外労働の上限規制が導入されました。ただし物流や建設など、対応させていくには時間がかかるものと見なされる業種については、猶予期間が設けられています。

その猶予が解除されるのが2024年4月でした。

それではこのタイムリミットを境に、建設業界に属するすべての企業が働き方改革関連法に適応できているかというと、決してそうとは断言できないようです。少なくともここでいえることは、各建設会社が働き方改革に適応させたことで、以前のパフォーマンス通りに工事を進めることができなくなっているという実情です。

工事現場の働き方が変わったことで、工事の日数が延び発注者のコスト負担が増すのは明白です。工期が長引くほど、現場作業員や警備員の労働日数は増えますし、リース機材や機器も長めに押さえないといけません。この増加コストを被るのは建設会社ではなく発注者です。

各建設会社とも工夫を凝らして、パフォーマンスを維持しようと必死です。人材不足問題を解決することは困難なので、他社から人材を借りて埋め合わせようとしますが、他社が絡む分、やはりコストは上昇傾向にあります。

■過熱一辺倒の人材調達合戦

建設業界の人材取り合い合戦は熾烈を極めています。

「外部から建設業界に優秀な人材を招き入れることは難しい、それならほかの会社から引っこ抜くしかない」

これが建設会社人事部門の本音といって差し支えないでしょう。とくに高い総合力が求められる現場監督は引っ張りだこ、転職サイトを見れば好条件の求人がそこかしこに掲載されています。

この、人材紹介サイトを経由した人材採用にかかる費用というのも、巡りめぐっては発注者サイドの負担になるわけです。

たとえば建設会社が人材紹介サイトを介して、現場責任者を年収１０００万円で採用したとします。そして手数料として年収のおよそ半分、５００万円程度を人材紹介会社に支払ったとしましょう。この５００万円という人材調達コストを、建設会社は工事案件をこなすことで回収する必要が出てきます。

人材の流通が活性化することは悪いことではないでしょうが、人材の動くたびにこのような大きな仲介コストがかかり、しかもそれが間接的には発注者サイドの負担増につながっているとなると、この現状には少々納得がいかない面もあります。

このような人材の激しい流通、そして取り合い合戦にともなう報酬吊り上がりの現実は、人口減著しい日本の売り手市場の中においては当分落ち着くことはないでしょう。

人材にかける費用が上がる一方であれば、やはり建設価格の上昇を食い止めることはできないわけです。そしてこれは働き方改革の側面からいえば正常な流れであるともいえます。

発注者サイドの負担を減らすためにも、願わくば、より建設業界が働きやすい環境へと改善し、外部からも人が流れ込んでくるようになってほしいところ。これだけでもだいぶ価格上昇の角度を穏やかにすることは可能と思っています。

●止まらない原価高騰

■ウクライナ侵攻による原油高

工事にかかる費用を大まかに2分割するとすれば人材にかける「労務費」と建材や機器などにかける「材料費」に分けられます。ここまでは労務費の話を主としましたが、ここからは材料費、原価の話になります。

建材の原価の高騰はとどまるところを知りません。

その要因はさまざまですが、まず具体的な事象をあげるとするなら、ロシアによるウクライナ侵攻の影響は大きいでしょう。

日本はロシアに対する経済制裁のため、石油石炭の原則輸入禁止を徹底しています。ロシアは世界第3位の産油国です。ロシアからの原油供給を断つことによって、ガソリン価格は一気に高騰しました。建設のためにさまざまな車両や機器が必要となり、これらの原動力は原油を必要とします。また建材をつくるためにも原油は必要ですから、建材の費用も当然のように上がります。工事にともなう建材運搬コストや機器稼働コストが上がってしまい、建設価格上昇に歯止めが掛からなくなっています。

おまけにセメントをつくる際に石炭は重要となってきます。日本はロシアからの石炭にかなり依存していた面があり、これの供給を絶ったことで生コンの調達コストも膨れ上がっています。

■情勢不安で混乱する物流

これまでロシアは主要な貿易相手国だったので、このたびの騒動では原価高騰に多大な影響を与えることになりました。

今後もこういった情勢不安、そして貿易面での影響が建設価格上昇の一端を担うことは大いに考えられます。

日本と貿易を盛んに行っていない国であっても、情勢不安によって日本の原価に影響を与えるケースも考えられます。

たとえば、イスラエルとイスラム武装組織ハマスとの戦争。２０２４年1月には石油タンカーが、ハマスと連帯するフーシ派のミサイル攻撃を受けました。危険回避のため、各船舶会社はスエズ運河を回避するルートを選ぶことを余儀なくされ、この遠回りによる輸送コスト増が世界の経済に影響を及ぼしているのです。輸送コストが上がれば運ばれる材料の価格も当然のように上がってしまいます。建設業界にも少なからず価格上昇を招いていることでしょう。

予定していた材料が、情勢不安による物流面への影響で調達できなくなる。あるいは調達する手間が増えコストが膨れ上がってしまう。対岸の火事と思われていた海外の争い事によって、日本国内の経済が苦しめられることは十分にあり得るということです。

世界が平和であれば、このような事態も起こらないのですが。残念ながら、世界の情勢不安は年々増す一方にあります。

日本が戦争の舞台となることはなくても、もしかしたらいずれ、すぐ近くで争いが起こることもあるかもしれません。そうなったとき、直接的な被害はなくとも、価格の高騰が起こり、私たちの生活が脅かされる経済的なダメージは避けられないことでしょう。

建設業界も例外ではなく、工事の延期やストップがかかり、建設会社の経営が苦しくなってしまうこともあるかもしれません。そしてその煽りを受けて、工事の依頼主である発注者にも負の影響を与えてしまうことでしょう。

不安がらせるような文句が並んでしまいましたが、争い事に絡んだ価格上昇は、私たちには抗いようのない価格上昇であるということ。このリスクも念頭に置いて、建設計画を立てる必要はあるわけです。

●新型コロナを経た住宅需要の変化

■北米の木が足りなくなるウッドショック

２０２１年ごろに木材が入手困難となるウッドショックが発生、価格高騰や供給遅延を招きました。

ウッドショック騒動の理由を端的に述べるとするなら、「木材を欲しがっている人が急激に増えた」わけです。

そしてその引き金となったのが新型コロナウイルスです。

世界中に多数の死者を出し、経済にも多大なダメージを与え、人々の生活スタイルを根底から変えることになった未曾有のウイルス。これの蔓延をきっかけに、アメリカでは都心の集合住宅から郊外の一軒家に移り住む人が急増しました。そのため住宅着工件数も一気に増え、木材の需要が急騰したのです。

新型コロナの猛威が落ち着いてもなお、密集地で暮らすことのリスク表面化やリモートワークの活発化によって、アメリカの住居に対する価値観が移り変わり、依然として郊外に居を構える人は減る兆しがありません。

したがって、木材への需要も高止まりとなっています。

日本は国内で使用する木材の大部分を北米からの輸入に頼っています。したがってアメリカで高まる木材需要と競り合わないといけなくなりました。ウッドショックを境に、当初の想定よりも高値で木材を買うことを余儀なくされる建設計画が続出したのです。

一時期ほどの上昇はなくとも、下がる兆しが見られないのが木材価格の現状です。

■新しい「住み方」が次の需要を生む

技術躍進やライススタイルの変化、あるいは価値観の移ろいによって、新しい住まいの形が提唱され住宅需要が高まり、つれて建設価格も上昇する瞬間は、時代の節目節目で訪れます。

日本で際立った住宅需要の高まりといえば高度経済成長期でしょう。人口が急勾配で増加し住宅不足が深刻となり、さらには農村から都市部への移住者が増え核家族化も進んだことで、住宅需要はみるみる高まっていきました。

住宅を建てれば建てるほど、建設業界を中心に多くの業界が潤い、経済活動が活発化しました。有効な経済施策として国も積極的に後押しし、住宅ローン控除が導入されたのも高度経済成長期の真っ只中でした。

このような住宅需要の急激な高まりは今後も起こることでしょう。たとえば災害の激甚化が著しい昨今、これらに対抗する手段として新しい建物の工法や建築ルールの提案がなされたら、一気に住宅需要は高まっていきます。あるいは電気自動車の隆盛がそうであったように、地球にやさしい建物づくりがより重要視される世の中が形成されれば、これもまた需要の異常な高まりを生むはずです。そしてこの需要の高まりのたび、建設価格は一段と上昇していくことでしょう。

●リスク回避のための日本回帰

■円安で消える輸入メリット

ここ数年、地政学リスク回避のため、海外からの撤退を決める企業が増加傾向にあります。これが国内の建設価格上昇の一因となっています。

グローバル化が叫ばれるようになって久しいですが、先述のロシアによるウクライナ侵攻といった特定地域の社会的な緊張から、生産性の低下や経済の停滞を招くリスクが顕在化してきました。

「海外に拠点を置くことのリスク」が浮き彫りとなっているのです。

旬な話題としては中国経済も不安視されています。米中対立を起因とした中国経済の見通しの悪さは兼ねてからいわれていましたが、経済成長の鈍化や消費低迷が数字を根拠として具体性を増して報道されるようになり、「このまま中国に依存した生産体制を維持することは困難」と判断する企業も出てきました。

たとえば自動車業界であれば、三菱自動車が中国市場からの撤退を2023年に決定。また日産自動車はここ5年ほどの期間で、中国生産台数を半分ほどにまで落としています。大手でこれだけの撤退や減産を決めているのですから、経済の低迷や先行き不透明感から、中国依存の比重を減らしている企業はいくつもあると推測できます。

これら海外への依存度を減らしたとはいえ、企業としてのポテンシャルを減らすことはできません。そこで日本国内に新たな拠点を築いてバランスを取る、という采配を取る企業は多いことでしょう。

地政学のリスクだけではありません。ほかにも海外に拠点を置くリスクはいくつかあげられます。

たとえば人件費です。東南アジアなど比較的に人件費の安い場所にオフィスや工場をつくるムーブメントが続いていました。しかしここ最近、これら開発途上国の人件費は急勾配で右肩上がり。人件費の安さという魅力が薄れ、海外建設を見送るケースが増えています。

そして追い打ちをかけているのが円安です。円安は輸出面で得はあっても、輸入面では不利を被るのが通例です。

海外でつくって、日本へと輸入し販売する。このビジネスモデルは円の価値が海外に比べて高い、円高の状態が維持できてこそ成立するものでした。円安の影響で海外の人件費や維持費も相対的には高値に上振れ傾向にあるわけで、日本企業が海外に拠点を設けるメリットはほぼゼロに近くなって来ました。

こうなってくると、逆に魅力になるのは国内建設です。従来の通り、国内でつくって海外へ輸出することがもっともパフォーマンスの高い生産体制となります。

■落ちる国力、増える建設需要

各国内の事情だけでなく、日本との為替取引市場にも左右されるため、海外建設には二重三重のリスクが絡んでいることが浮き彫りとなっているのが現状です。これらリスク回避のため、今後ますます海外建設という選択を視野の外におく企業は増えていくことでしょう。

現在の円の価値が維持される限り、そして海外と日本との人件費に再びの差分が生じない限り、この流れは止めることはできません。これまで人件費が低かった開発途上国が人口増で国力を増していく一方で、日本は人口が減り続けて国力は衰えていくと考えられています。

したがって、海外通貨に対する円の力はさらに弱まっていくかもしれません。再び円高となりかつてのレートを取り戻すよりは、より円安へ振り切れる未来のほうが訪れる可能性が高いとされています。

ますます日本回帰へ踏み切る企業は増えると考えられ、国内建設需要も下がる見込みはなさそうです。

●老朽化した建物の建て替え時期

■メンテに割かれるリソース

鉄筋コンクリート造の法定耐用年数は、住宅で47年、事務所で50年とされています。

50年前といえば高度経済成長の真っ只中。雨後の筍のごとく、一挙にマンションやビルが建てられていった時期です。つまり、これからしばらくはこの経済成長真っ盛りの時代に建てられた建物たちが続々と寿命を迎え、建て替えを行う必要が出てきます。

建物だけでなく、道路や橋、トンネルや水道など、高度経済成長期につくられたさまざまなインフラも老朽化しており、メンテナンスが必要となっています。これら公共インフラ事業にも建設会社が多く関わることになり、あわせて建材もたくさん使われることになるのですから、建設価格高騰の相乗効果を生み出す要因になることは間違いありません。

もちろん、状態が美麗で建て直しの必要がない建物もあるかもしれません。しかし50年以上前の建物は旧耐震基準をもとに建てられているため、大規模な耐震補強のリフォームは確実に行わねばなりません。

いずれにしろ、これら築50年を迎える建築たちにたくさんの人材や材料といったリソースが割かれていきます。

■50年建設中のマンション

ここから少々ダークな話です。

経済成長期はチェック体制が緩く、「建てたもん勝ち」の概念が常態化していて、違法建築が当たり前のように建てられていました。

厳密な話をすると、「これから建物を建てますよ、工事をしますよ」と自治体や検査機関へ知らせる「建築確認申請」は出していても、「建物工事が完了しましたよ」と知らせるとともに設計図と完成形に差がないかを検査する「完了検査申請」を経ていない建物が、わんさかあったのです。

本来のルールであれば、「完了検査が終わっていない＝建物を利用してはいけない」となっているのですが、完了検査を経ずに利用を開始する建物が多く実在しました。

なぜ完了検査申請を行わなかったのか。それは、建築確認申請の後に、提出した図面とは異なる建物を建てていたからです。

たとえば、図面では吹き抜けになっているはずの部分が床になっていたり、換気と排煙のために必要な窓を設置せず全面壁にしたり。

建設基準法に違反しているため、建築確認申請時には内緒にしておき、実際の工事ではそのような違法を行う。当初の図面とは違うため、完了検査は当然通りません。なので完了検査の手続をスキップしてしまうという荒技を平然とやって退けている建設会社が、少なからずいくつかありました。

高度経済成長期からバブル期にかけての建物は、素性の知れない開発会社が建設責任者として名を連ねていたのはよくある話。これら案件は大抵、建築基準法を満たせていない違法建築が建っているものです。とにかく建てて売り抜けてしまえば大儲けという、まさに「建てたもん勝ち」状態。あとはどうなろうと知らぬ存ぜぬという無責任な手法が横行していたのです。

バブル時代に建てられたマンションの大規模改修工事を実施しようと届出を出したところ、完了検査申請の手続を行っていなかったことが発覚。書類上では、そのマンションは50年間ずっと「建設中」だったことになります。人が住んで利用しているのは違法とみなされます。

こんな事実が発覚したら改修工事どころの騒ぎではありません。手続上、完了検査申請をしなければならないのですが、前述の通りこういった建物は曰く付き、違法建築の可能性が大です。改修よりも先に片づけなければならない大きな問題を抱えることになってしまうわけです。おそらく、この建物は一旦リセット、建て替えするしか解決策はありません。

最近では、既存不適格建物としての申請をすれば、完了検査済書の代替として増築や改修工事ができたり、融資を受けるといった救済措置もあります。しかしもちろん、建築確認申請を提出したときの状態、当時の合法状態に戻す必要があります。

これら違法な建物たちはまさにバブルの負の遺産といったところでしょう。

阪神大震災で倒壊した建物の多くもこういった違法建築だったそう。これらも完了検査申請を行っていない建物だったのでしょう。

この経験以降、検査体制はかなり厳しくなったので、このような違法建築は減少傾向にはあります。

以上のようなダークな話があるため、50年前の尻拭いのような側面もあって、老朽化建物の建て替えにともなう建設価格高騰も免れないわけです。バブルの終わる1990年前後まで建設は活発だったと思うので、短く見積もっても2040年くらいまでは、この状態は続くことでしょう。

●建設特需

■建設ラッシュがもたらす影響

建設業界には折々で建設ラッシュが湧き起こり、発生源の地域周辺の建設関連会社にとっては大きな稼ぎ時が訪れます。

2020年前後なら東京オリンピックです。開催決定とともに急ピッチで工事を進めていくため工事費は高騰傾向となります。実際にかかった東京オリンピックの建設費は、競技場や選手村、エネルギーインフラなども含めると3兆6845億円と報道されています。

このオリンピック景気につられて周辺地域の工事費も高騰、想定よりも建設価格が上がってしまったために白紙となった工事計画もあったようです。私もこういった建設特需が発生しているエリアについては、建設価格の全体像がつかめないため、工事計画をクライアントにすすめることは控えています。

　オリンピックのような莫大な費用を要する建設特需は今後も続々と発生することでしょう。これを書いている現在進行形では大阪万博が目前に控えていますし、同じく大阪ではＩＲ（統合型リゾート）もスタンバイしています。大阪府周辺はとくに、今後建設価格が上振れし続けるかもしれません。

■行列のできる再開発

　同じく建設特需として無視できないのが都市再開発です。

　たとえば、東京の渋谷駅は訪れるたび「いつ完成するの？」と思うくらい、長いこと大規模な開発工事を進めています。同じく東京では、リニアの出発駅である品川駅の開発に余念がないですし、ＪＲ山手線ですぐ隣の高輪ゲートウェイ駅も２０２５年3月の全面開業に向けて忙しなく、引き続きビルの建設が予定されています。大阪でも「うめきたプロジェクト」という大規模な開発が進行中です。

　東京や大阪だけではありません。札幌も再開発が活発になっていますし、広島や福岡もホットです。

あまりに至る場所で開発が進められていて、しかも万博だ、ＩＲだと建設特需が発生しているため、やむなく開発規模を縮小する事態も起こっています。たとえば、札幌の再開発は当初予定していた１０００億円の工事費見込みが、軽く3倍を超える見通しとなってしまったため、工事の規模を縮小、完成目処も２０３０年度まで延期することが決まりました。

２０２３年を完成目標としていた仙台の「せんだい都心再構築プロジェクト」は、これも２０３０年へと延長されましたが、工事費は膨れる一方なのでさらに延長となるかもしれません。つまり、再開発にも「待ちの行列」ができている状態。ゼネコンの仕事が空くのを、首を長くして待っている機関が全国各地に散らばっているのです。

そんな活況ですから、ゼネコンの営業員も、４年以上先の営業を行っている始末です。

仕事がない時代は、仕事を取るためいかに安く受注するかに汗をかいていたゼネコンでしたが、現在はいかに仕事を効率よくこなしていくかに躍起となっています。効率化のためならお金は厭わないといった方針です。

開発工事で引っ張りだこの協力会社が、「吹っかけた」ような見積書を出してきても、ゼネコンは飲み込むしかない状況。ですから工事の価格も下がるどころか上がる一方なのです。

●特需が落ち着く日は来ない

■値上がり要因はなくならない

「もうちょっと待てば安くなるかも」と目論んで建設発注を先延ばしにする方がいます。

「万博や再開発が落ち着けば安くなる局面があるかもしれない」

そういった「かもしれない」論を展開する人もいます。しかし、建設価格の値上がりは1つや2つではなく、いくつもの要因が複雑に合わさって起こっています。次から次へと新しい特需が発生するのですから、結局建設価格が下がる見込みなどほとんどないのです。

札幌や福岡といった主要都市の開発が終われば、次は中核都市の開発が始まることでしょう。それが一巡したら、また大都市の開発に戻っていくはずです。

新たな万博開催もあることでしょうし、オリンピックもまた日本で開催されることはあるかもしれません。

建設ラッシュの発生起源はこれら一大事業だけではありません。大地震や台風といった災害もあります。住居やインフラに被害が出ればそのたびに建設会社は出動することになり、これも建設価格上昇の一因となります。まして地球温暖化の影響で被害は深刻化の頻度が高まっています。建物やインフラの老朽化も相まって、今後はますます災害復興のための建設需要は増えていくことでしょう。

■値下がりを待つリスクは大きい

ここまであげてきた要因も加味すれば、「建設価格が下がるかも」という見立ては希望的観測に過ぎません。今が底値ととらえておくほうがいいでしょう。

建物の新築や改修を考えている方、とくに発注を躊躇している方は、本章を通して、建物の価値基準を改めてアップデートする必要があります。

新築や改修の理由は、快適性を求めてだったり、生産性を上げるためだったり、維持コストをスリムにするためだったり、老朽化でこのままでは危険だからだったりと、現状改善を望んでのものが大半を占めることでしょう。現状抱えている問題を先送りにしておくことのほうが、先々に待っているリスクは悲惨なはずです。

であれば、思い立ったが吉日。急ぎ予算を組み、具体的に建設計画を走らせていくほうが、先々の見返りは格段に大きくなるはずです。

次章からは、建設計画に着手する際、どこにまず相談をするべきか、価格が上がっていく中でもどうやればコストを抑えられるかについて言及していきます。

第２章　無駄な工事費を回避するために

●想定外のコストを想定内にする

■超理想的な建設計画とは

リーズナブルな価格で、100点満点と呼べるような品質の建物ができあがる建設計画とはどんなものでしょうか。

まず、コストを抑えつつ発注者の要望を100%反映できている、コスパ最強の設計図が引ける神業は欠かせません。これを成し遂げるためには、発注者はもれなく建設要件を建設会社サイドへ伝える必要がありますし、図面を引く設計担当部門は完璧なヒヤリングを実践しなければなりません。

そしていざ工事がスタートとなったら、工事の行く末を占う最重要キーパーソンは現場監督です。詳細は次章に譲りますが、現場監督の手腕次第で発注者の負担には大きな差が生まれます。ゼネコン各社間で熱烈な人材引き抜き合戦が繰り広げられているほど、現場監督は工事の過程と結果を左右します。

スムーズかつ高品質な工事を達成するためには、現場作業に携わる人たちの技術力も高いに越したことはありません。経験豊富で、最新最良の工法も握っている施工会社へ依頼することで、発注者の満足度は１００％以上のものになります。ゼネコンら専門家たちの知識や情報収集力が鍵を握っているといっていいでしょう。

工事の最中は、人材も建材も不足することなく、滞りなく進むことが理想です。天候もずっと工事日和であれば工期が延長となることはなく、むしろ想定より前倒しで進むかもしれません。

優秀な人材を取り揃えたことで、施工不良もなく、完璧な状態で発注者へ受け渡される。こうして最小コストかつ最高に素晴らしい品質の建物を発注者は手にすることができます。

■計画通り進む計画はない

残念ながら、上記のように完璧な経緯で建設計画が完了することはありません。絶対に予想外の事態は起こります。

事前に情報共有が満足に行われなかったことで、認識の違いからまったくイメージと異なる建物が建ってしまう。そのような事態はそここの工事計画で発生しています。

現場で働く人たちの技術不足で工事が予定よりも後ろへずれ込むこともあるでしょう。施工不良が発覚してやり直しを余儀なくされることもあります。

人材や建材がうまく調達できず、途中で工事がストップする事態も考えられます。最悪なケースは災害かもしれません。工事途中で地震や台風など甚大な災害が発生し、工事計画がリセットとなることも考えられます。倒壊した建材を撤去する費用が追加発生することもあるでしょう。保険である程度まかなえたとしても、工事の遅延は免れません。

工事を請け負った建設会社や各施工会社が倒産することだってあります。

起こりうる予想外の事態は、考え出したらきりがありません。

大事なことは、予想外のコストがかかることを覚悟して、事前にどういったパターンが見込めるかを踏まえること。「予想外」を「予想内の範疇」に収めることです。そして対策法も事前に編み出しておいて、できるだけ回避できることが理想です。

では具体的に、建設工事における危険因子はどういったところに潜んでいるのか。そこに迫るのが本章の本筋となります。

●建設はブラックボックスだらけ

■同じ建設でも得意不得意がある

建設業界ほどわからないことだらけの業界はほかにないかもしれません。業界外の人から見たらもちろんのこと、業界内にいる人の中でも、建設のすべてを把握しているのは本当に一握りでしょう。

それは仕方のない話です。建物はこの世でもっとも高いものの1つ。個人にとって住宅は人生で一番高価な買い物となるはずです。企業がビルや工場を建てるのも思い切った買い物であって、企業の歴史の中で1つの契機となるビッグイベントになります。

そんな高価なものなのですから、使われる材料やかかわる業者、活かされる技術はたくさんあり、建設計画の全容を知り尽くすことは難しいのです。

強いていえば俯瞰的な視点をもつ現場監督が工事の概ねを把握しているでしょうが、各施工の細かい専門的な知識まで知っているわけではありません。

また建物自体の知識においても、建設会社ごとで把握している度合いに差があります。住宅建設には強くても、工事建設については無知、という建設会社もあるわけです。

にもかかわらず、「知り合いの建設会社だから」という理由だけで、住宅を専門としているゼネコンに工事建設を依頼する、といったケースを頻繁に見聞きします。

発注者も、そして依頼を受けたゼネコンでさえも、

「同じ建設なんだから大丈夫でしょ」

といってのけたりします。

これは、

「同じ陸上選手でしょ」

という感覚で、槍投げの選手にハードル走をやらせるようなもの。不慣れなことをやらせたことで、期待のだいぶ下をいくパフォーマンスを出してしまうことにもなるわけで、これでは誰も幸せにはなれません。

とくに工場や倉庫といった、特定の用途として使われる特殊建物はブラックボックス化されている部分が多いです。専門的に工事を請け負っている建設会社でないと対応できない要素が多数を占めています。

おまけに同じ工場であっても、どういった機械を置くのか、中で働く人間はどういった動きをするのか、温度や湿度の管理は必要なのか、といったさまざまな要件が発生するため、請け負う建設会社の得手不得手や経験値が大きく問われることになります。

まったく経験値がないところへ依頼すると、期待した生産性を発揮できない、非常に残念な建物に仕上がってしまうのです。

■発注者サイドもブラックボックス

ここからがもっとも重要な話となるのですが、当然のごとく建設会社サイドは発注者サイドの業界に明るくはなく、ブラックボックスとなっています。

この理由によって、発注者サイドのまったく望んでいない、期待に完全に添えていない建物が建ってしまうことがあります。

「建設した精密工場で次々と不良品が出ていて参っている」

このような相談を受けたことがありました。建設工事を終えて、工場を稼働させたところ、期待通りの生産性が発揮できず不良品ばかり産出されるというのです。

原因は建物の構造にありました。その精密工場は鉄骨造でできていたのです。

鉄骨造は「あえて揺らす」ことで衝撃を吸収し、建物の損失を軽減させる特徴があります。そんな鉄骨造で建てたものだから、機械の稼働によって工場全体が振動し続け、その影響で精密な作業ができず、不良品を大量生産しているという事実が発覚しました。鉄骨造でなく、強固な性質の鉄筋コンクリート造で精密工場を建てていれば、このような惨劇に見舞われることはありませんでした。

発注者サイドとしては「精密工場なのだから揺れない構造にして当たり前」なのですが、業界に明るくない建設会社サイドはそういった業界の常識を持ち合わせていません。

「精密な機械をつくる工場を建てろとはいわれたが、揺れない工場をつくれとはいわれていない」

このように反論されるのが関の山となってしまいます。

こちらの業界にとっては常識でも、向こうの業界にとっては常識の外、そういったケースは山ほどあります。

このようなトラブルを招かないためにすることはただ1つ。「お互いがお互いにブラックボックス」であることを承知の上で、事前のコミュニケーションを綿密に行うことです。どういった建物をつくりたいのか。要望を余すところなく伝える意識が肝心です。発注者サイドはこのイメージ共有段階を念入りに、時間をかけて徹底的にやりましょう。イメージの中にある完成形が、完全に建設会社サイドのものと等しくなるよう努力する必要があります。

●誰も知らないからこそ起こるかもしれない不正

■現場任せが招く災厄

建設計画の頭のてっぺんから尻尾の先まで、すべてを事細かにつかんでいる人物はゼロ。工事を担当する施工会社はお互い、隣のやっている施工のことはよくわかっていない。すべて現場担当者任せになっているからこそ、その状況を逆手にとった「悪巧み」を図ることも不可能ではありません。

ここで話すことは実際に起きた話ではなく、「こういう手口もあり得る」という、あくまでたとえ話であるととらえてください。

たとえば、現場監督と協力会社との間でこういった結託ができます。現場監督が仲のいい施工会社に次のような声かけをします。

「おたくに仕事を依頼するから、見返りをちょうだい」

非常にオーソドックスなキックバック手法です。施工会社は、利益を多めに見積もってゼネコンへ見積書を提出。見積もり内容が相場より高めであっても、現場監督の忖度によって契約成立となります。そしてその施工会社へ渡った利益の一部が現場監督個人の懐へとキックバックされる手口です。

別の一例として、工事の責任者と発注者サイドの担当者が結託することも考えられます。この場合は工事の責任者から担当者へのキックバックとなりますが、手法の構図自体は先ほどの例と同じ。

「おたくの会社に工事を依頼するから、利益の一部をちょうだい」

口裏を合わせてしまえばこういった不正が容易にできてしまいます。

工事全体を把握している人物のいない、そこかしこがブラックボックスとなっている建設工事だからこそ、ばれずに成立する裏取引なのです。

■現場監督の家を買わされる発注者

お金を動かすのではなく「現物支給」にすることでより不透明感が増し、誰にもばれずに高価値の不正を成立させる手口もあります。

住宅の例ですが、次のような高価格の裏取引をやり遂げたケースを、風の噂で聞いたことがあります。

9000万円の住宅建設工事を、ゼネコンと発注者との間で契約しました。この9000万円の予算内で現場監督が材料と労務を手配します。

ここからが凄まじい話で、なんと、その9000万円分のうちの4000万円で工事を済ませたのです。

では残りの5000万円分の労務と材料はどこへ行ったのか。発注者へ返すのではなく、その5000万円で現場監督の家を建てたというのです。

現場監督は、会社に9000万円で発注者の建物を建てたと報告します。そして4000万円の受注案件の建設工事と並行して、5000万円の自宅の建設工事も進めていったというわけです。現場で動く人たちは案件の詳細など知りませんから、言われた通りの場所で指示された工事をするだけです。

現場監督の家を建てているのを把握していたかどうかは定かではないですが、淡々と現場作業をこなしていたことでしょう。

この手口、発注者が現場監督のために５０００万円の家を買ってあげたようなものです。本当にこんな大胆な荒技がまかり通っていた時代がありました。

バブルの時代を頂点にこういった不正が横行していた時期があった……かもしれません。労務や材料など現場の管理一切合切を現場監督１人に委ねていると、さまざまな不正が行えることを証明している実例といえるでしょう。

ここ最近の建設では、こういった不正の防止のため、そしてチェックミスの防止のため、現場監督１人の匙加減だけで労務や材料を調達できる丸投げシステムはなくなりつつあります。資材調達部といった専門の担当部門を設けて、正しく資材の取引やお金の動きが把握できる、透明感の高い仕組みを採用している建設会社が増えている傾向です。

とはいえ、どことどこが結託してこういった類の悪巧みを図るか、わかったものではありません。必要以上に疑うのもよくありませんが、発注者サイドも「発注したらあとは丸投げ」というスタンスではなく、進捗に応じて事細かにチェックするようには心がけておくといいでしょう。

●図面に突っ込める人０人説

■見過ごされる図面の不審点

ゼネコンは発注者サイドや設計部署から上がってきた図面を元に、積算ソフトを使って見積書を作成します。見積書は過去の工事事例を参考にして数値を入力したり、必要であれば協力会社にも見積もり依頼を出して、できる限り現実的で合理的な予算や数量を目指していきます。

ただ、あくまでゼネコンの見積作成部署は「図面を元に計画を組む」ことを仕事としているため、図面の中身まで細かく精査することはありません。図面に書かれているままのものを見積書に書き起こしていくことを念頭に置いています。

見積作業は「型にはめて形にする」だけのほぼ流れ作業。各施工の見積書を束ねて、ゼネコンの取り分になる利益をプラスするだけであり、図面そのものの確認や調整は行われないのです。

そして図面のチェックをしなかったがために、後々トラブルを招くこともしばしばあります。本来、図面に不審な点があればゼネコンが気づくべきなのですが、そんな余裕はありません。

これは見積部の能力云々以前に、人が足りないために起こっています。見積もり段階ではゼネコン側は発注者と契約が結ばれているわけではないため、収益の見込みが立っておらず、見積書作成に大きなリソースを割けない事情があるわけです。

上がってきた見積書が発注者にとって想定外の内容になっており、ゼネコンの担当者に尋ねてみても、「図面がそうなっていたから」と答えられるだけに過ぎません。仕方なく続いて設計担当部署に聞いてみても、「発注者さんの要望がそうだったから」と返されてしまうことでしょう。

発注者が見積書に抱く疑問に対する回答は誰も持ち合わせていない。強いていえば答えを知っているのは発注者自身ということになります。

図面が発注者にとって本当に理想のものなのかどうか。

発注者にいわれるがまま図面を引く設計担当者は、そういった疑問を抱きません。

図面に書かれたまま見積もりを作成する担当者も同様です。

発注者サイドも当然、図面に突っ込む知識や余裕はありません。

図面の是非を問わないまま工事が進むことで、発注者が必要以上にコストを被ることになったり、思っていた理想とかけ離れた建物が建ってしまうことになります。

■多すぎるコンクリート使用量

工場や倉庫などの専門的な建物だと、なおさら図面に誰も突っ込みを入れることができません。図面におかしな点があっても、誰も気づくことなく、そのまま工事を進めたことで建設価格が必要以上に跳ね上がってしまう、という事例は多々あります。

「建設会社の見積もりが予算をはるかに上回っているのだが、本当にこの価格が正しいのか見てほしい」

工場を建てようと計画していた会社からそのような相談を受けたことがあります。見積書を見てみると、建物の面積に比べてコンクリートの使用量が異常なほど多いことにすぐ気がつきました。続けて図面にも目を通してみると、1階部分の床下全面にわたって、1メートルの深さのコンクリートを流し込むことになっています。確かにこれだけの工事をするならコンクリート費用が高額となり、このような見積もりとなってしまうことでしょう。

「でもなんでこんなに大量のコンクリートを1階の床下に?」

尋ねてみると、1階部分に置く精密機械を固定するため、床に80センチのボルトを埋め込む必要があるのだそうです。このボルトを安定させるためには、1メートルの深さまでコンクリートを流してほしい。と、機械メーカーから要請があったのだそうです。

機械の安定設置のためにコンクリートが必要というメーカーの要求は理解できます。とはいえ、はたして1階全面にわたって1メートル深のコンクリートを流す必要などあるのでしょうか。

機械メーカーにさっそく連絡し、くわしいヒヤリングとともに理論的な側面から議論しました。そして「ボルトの周辺部分にコンクリートを流し込むだけで機械は安全安定に稼働できる」という結論を導き出すことができました。これならかなりコンクリートの費用を落とすことができます。

「建設会社サイドが図面作成時に気づいて指摘できなかったのか」と思うでしょうが、それを咎めても「機械メーカーが全面コンクリートを指定してきたのでそのまま図面に反映させた」という言葉が返ってくるだけでしょう。設計部門にとって機械のことはブラックボックスですから、疑問を持たず鵜呑みにして図面を引くしかありません。

機械メーカーも機械メーカーで、全面にコンクリートを流すのと、ボルト周辺だけにとどめるのでは、どれだけ工事費に差が出るのかは知りません。「過去の工事でも同じようにコンクリートを全面に流したから、今回もそのように提案した」といった見解でした。過去に発注した方は、図面に疑問を抱かず、機械メーカーと綿密な議論を交わさなかったため、だいぶ余分にコンクリート費を負担したことになります。

というわけで、お互いがお互いのことを知らないブラックボックス状態ゆえのコスト増は頻繁に起こるものだということ。「専門家がいっているのだから正しいのだろう」と鵜呑みにして担当外のことに疑問を抱かないからこそ、このような無駄なコストは生まれることとなります。

専門的な建物ではとくに、十分な協議は欠かせません。できれば設置する主要な設備や機械のメーカー、ゼネコン、そして発注者、全員を巻き込んでの話し合いを重ねる必要があります。

●ケチって損することもある

■最安値のプランに賭ける恐怖

建設失敗事例の代表格が「いちばん安い見積を出したゼネコンに依頼したところ、想像を絶する質の悪いものができてしまった」というケースです。

「安かろう悪かろう」とはよくいったもので、安価な工事プランには品質の低い建材が盛り込まれていたり、技術力に疑問符の業者がかかわっていたりするものです。結果、住み心地の悪いマンションだったり、生産性の低い工場だったり、使い勝手の悪い建物が建ってしまうことになります。

とくにコストをケチれるのが建物デザインですが、見栄えしないダサい建物が建ってしまうと最悪です。

利用者に気に入ってもらうために、自社ブランディングのために、顧客を集めるために、あるいは従業員確保のために、見た目は大切。

「こういうところに住みたい」

「こういうところと仕事がしたい」

「こういうところで仕事がしたい」

そう思ってもらえる建物にするためにも、デザインや図面づくり、建材選びにこだわりを持つところに建設を依頼したいものです。多少値段が張っていたとしても、リーズナブルな品質がきちんと保証されている設計者やデザイナー、ゼネコンを選びましょう。

■その価格には「理由」がある

できあがった直後の見た目でわかる低品質であれば、まだ諦めがつくかもしれませんし、その後の追加の工事で取り返しがつくかもしれません。

しかし建物の内側だとどうでしょうか。時間をかけて表面化する施工ミス、とりわけ災害や事故などの有事で初めて発覚するものであったら、気づいたときには時すでに遅しです。

耐震偽装を行ったマンション建設が発覚し大騒動となった事件があったのを覚えている人も多いはず。これは偽装書類を作成した建設会社サイドに問題があるのはもちろんですが、当時の建設業界に蔓延していた価格競争の激化も問題発生の一端を担ったように思います。発注者に指名してもらえるよう、1円でも安い建設価格を提示したい。生き残るための苦肉の策としての、中身がスカスカな建設計画だったのかもしれません。

入居予定者にとっては悪夢の出来事ですが、入居前に発覚したことは不幸中の幸いでした。事実が隠蔽されたまま入居が開始し、大地震が発生した後に偽装が判明したとしたら、人命を左右する悲惨な人災となっていました。

現在は検査が厳格化したので耐震偽装されるケースはほぼないと断言できますが、時間とともに建物が傾いたり、天井や壁が傷みやすかったり、台風であっさり浸水してしまう水回りだったり、経年や災害で思わぬ事態に遭遇するケースはいくらでも考えられます。

専門家でも想定できなかった異常気象が高頻度で押し寄せる昨今ですから、なおさらに直面する可能性は高いはずです。

「最初にもっとお金をかけて品質を高めておけばよかった」と後悔しても後の祭り。

建物は完成してすぐにすべての価値を享受できるものではありません。未来数十年にわたって、かけたコスト分の見返りが得られる投資商品です。

高いものには高いだけの理由があり、安いものには安いだけの理由があります。すぐに価格の答えを求めるような建設計画は立てるべきではありません。

この先、事故や災害があっても安全性は確保されているか。実際に稼働していったとき、利用者の快適性や業務の生産性は高水準を維持できるか。そういった建った後のパフォーマンスも考慮しながら、建設価格とその内訳を見極めていくべきです。

●全体を把握する第三者的立場の必要性

■ゼネコンの弱点を補完するＣＭ

建物価格の妥当性は誰にもわからない。

建設工事を依頼する上で、これほど戦慄する事実はないかもしれません。

しかしこの事実は抗いようがないのです。建設はかかわる会社が多く工事も大規模、お互いがお互いにブラックボックスだらけです。どこかで不正が行われていても気づくことができない可能性もあります。

「本当にこの価格って適正なの？」

発注者の心に自然とわいてくるであろうこの質問に答えられる人物は、建設会社サイドには存在しません。

人材不足や建設特需の影響で建設会社はどこも引っ張りだこ。工事の見積もり依頼を打診しても、対応してくれるところは1社しかいなかった、むしろ1社出てくれただけでも御の字。これが普通なのが現在の建設業界です。

そうなると価格競争は起こりにくく、建設会社サイド優位となり、予想よりも上値の予算見積が出されることも当然あるでしょう。

1社しか見積書が上がってこないのであれば、「これが適正かもしれない」と割り切り、発注者側はその金額を呑むしかありません。

仮に見積書にミスがあったり不正があったりして、必要以上の高値がつけられていたとしても、気づくことができないわけです。

ただでさえ建設価格が高騰しているのに、さらにそれに上乗せした余計な費用を支払うことになってしまいます。

発注者がこのような不利を被らないためには、ゼネコンから出される見積書の内容に不備はないのか、提示される予算は適正なのか、客観的に評価できる機関が発注者サイドに必要となってきます。

そこで近年、規模の大きな建設計画ではとくに重宝されるようになっているのがＣＭ、コンストラクションマネジメントという仕事です。

建設業界全般の知識を有するＣＭは、工事のブラックボックス化している項目にも果敢に切り込んでいきます。発注者の望む建設計画を慎重に吟味し、見積書におかしな点がないか入念に精査し、工事が計画通りに進行しているかを管理監察します。

より計画にマッチした工法があれば建設会社サイドに提案し、さらに高品質な建物が建つようサポートもします。各施工の依頼先をＣＭが見繕うケースもあります。

従来の日本の建設業界は、建設工事を統括するゼネコンがＣＭ的な立場を担ってきました。しかし人手不足もあってゼネコンは目前の案件をこなすことに手一杯、知識の上積みや情報収集が追いついてない点は否定できません。このゼネコンの弱点を補完するのがＣＭなのです。

ＣＭの活躍によって、発注者が理不尽な損失を被る可能性は格段に低くなります。

■中立に徹することが全者のメリットになる

あくまでＣＭは中立的な立場です。

「コストを抑えながらもいい建物を建てたい」と望む発注者と、「発注者に満足してもらえる建物にしたいし、会社として利益も出したい」と望む建設会社サイドの、両者のちょうど中間に立って、全員の望みを最大限に叶えられる建物工事が実現するよう並走していく存在です。

よってCMは、発注者にとってだけでなく、建設会社にも重宝される存在なのです。建設にブラックボックスだからこそ発生する発注者からの無理難題な要求に、建設会社サイドが振り回されるのを抑え込むのもCMの重要な役割です。

また発注者サイドと建設会社サイドとの間に生じがちな完成形のイメージ差を埋めていくのもCMの仕事です。両者の間に起こりがちな摩擦を緩和してくれるのですから、CMはゼネコンを筆頭とした建設会社サイドにとっての大きな安心材料となります。

建設計画を立てる際の、玄関口にCMは存在すべきだと感じます。発注者は設計図をつくる段階から、CMを招き入れることを検討するといいでしょう。

偏りのない意見を進言し、両者が見過ごしてしまうような盲点にもフォーカスできるCMは、今後ますます建設計画の名脇役となっていくことでしょう。

これからの建設は、設計事務所やゼネコンよりも、CMの選び方1つで、建物の運命が大きく変わっていくといっても過言ではないのです。

●チーム力を高めるＣＭを選ぼう

■無茶振りするＣＭ

私が独立してＣＭの業務に携わり始めたころ、その知名度は非常に低かったですが、近ごろはだいぶ業界内に浸透してきたように思います。大手企業でも、コンストラクションマネジメントの業務を担う部門を立ち上げるところが続々と出てきました。

発注者にとって選択肢が増えるのはいいことでしょう。しかし、競争が激化していく中で、「はたしてそれがＣＭのあり方だろうか」と首を傾げたくなるＣＭも出てくるようになりました。

一口にＣＭといっても、個々の方針ややり方を見てみるとまったくスタンスが異なることに気づきます。「発注者の立場になり利益を最大限に」と堂々宣言しているところも見かけ、一見すると発注者にとってこれほどありがたい存在はないように思えますが、この文言には少々危うさも抱きます。

発注者寄りのスタンスを貫くＣＭは、「もっと値下げをしろ」「もっと正確な見積書を出せ」と、建設会社泣かせな無茶振りを押し付けがち。発注者の威を借りて、ゼネコンら建設会社サイドに対して非常に高圧的なCMも存在するようです。

「あの案件は裏で無茶をいうCMが入っているから、入札には絶対に入らない」

このように、ゼネコンに忌避されるCMもいるくらいです。

ただひたすらに建設会社サイドを敵視し、噛みついていくような姿勢のCMは、嫌われます。敵対関係を生むことなく、全員で1つのチームという意識で建設計画に寄り添うCMを選ぶことで、建設を円滑かつ低コストで進めていけることでしょう。

■評論ではなく価値を高めてくれるCMに出会おう

一方で、敵でも味方でもない中立なスタンスを築くも、ただ建設会社から上がってきた見積書と市場価格を照会して、適正かどうかを報告するだけの表面的なCMもいます。

多くの発注者は、見積書の予算が適正かを知りたくてCMに相談します。しかし「適正だった」「適正ではなかった」だけを報告されても困りもの。さらにその先の、「では予算に寄せるためにはどうすればいいか」の解決策を望んでいるはずです。

しかし現に見積書評論家のようなスタンスのCMが存在し、この対応に発注者は不満をもちます。「CMに頼んでも無駄に終わってしまった」と嘆くだけで終わってしまうことでしょう。

私はこういったスタンスはＣＭのあり方として間違っていると思っています。コストダウンや品質向上のポイントを突けてこそ、ＣＭの本来の付加価値が成し遂げられているはずです。

私は、ゼネコンのもっているいいところを活かしつつ、私たちのもつソリューションを組み合わせて、最高の建物を建てることに重きを置いています。

単なる第三者の監査部門にとどまらず、方法論まで考えていくのがＣＭ本来の仕事といえるでしょう。

このように、かかわるチーム全体の力を底上げし、建物の価値を高めていけるスタンスを貫くＣＭを選ぶことをおすすめします。

●【コラム】ＣＭに対する需要の移ろい

■ゼネコンに振り向いてもらえる土台をつくる

２０００年代、建設不況を発端に建設価格競争が激化。「安値で引き受けて後から追加発注すればいいだろう」と考える建設関連会社も、少なからず現れるケースがそこかしこで発生しました。このような事態が常態化していくことに疑問を感じ、私は建設会社を飛び出し、第三者目線で建設計画にかかわれる現在の仕事を始めました。

時は流れ、建設会社はどこも大忙し。入札に入るゼネコンも少なくなり、価格競争は起きづらくなりました。そうなると今度はゼネコンが選別する側になっていきます。

発注者が、予算もあやふやで、設計に関する要綱も曖昧な状態で見積もり依頼を出しても、ゼネコンは見向きもしなくなっています。ぼやけた発注を元に見積書をつくっても、「思っていた以上に質と予算が見合ってない」と発注者に判断されてそれ以上の発展がなかったら、時間の無駄になってしまいます。したがって、ゼネコンはちゃんとした要綱で発注している、受注可能性の高い案件を優先する傾向が生まれています。

こうなるとＣＭの役割というのも変わってきます。どういった要綱書にすればゼネコンに見てもらえるのか、その土台づくりが序盤の中心的なミッションとなります。発注者もその活躍を望んで、ゼネコンよりもまずＣＭを選別する流れができつつあります。

このような背景から、ＣＭにはより一層の、建設に関する広く深い知識が求められるようになっています。ゼネコンに張り合うため、ゼネコン以上の研鑽が必要なのです。

とはいえ、ニーズは変われど、ＣＭの役割の根本は揺らぎません。発注者の求める最善の建設とは何か。ここにフォーカスできなければ、工事にかかわるすべての人間にとっての最良の結果は導かれません。

第３章　建設価格はどう決まる？

●まず、どこに依頼するべきか

■見積予算がばらつく理由

建設価格が必要以上に高騰するのを防ぐリスク回避方法として、コミュニケーションや情報共有の大切さ、さらにCMと呼ばれる第三者的立場の重要性を語ったのが前章でした。

ここからはさらに建物工事そのものを掘り下げていき、工事の進捗とともに最終的な建設価格が決まっていく流れを把握していきます。そして発注者がお金や時間の負担を最小限に抑え、なおかつ完成品のクオリティーも高めていける方法にも言及します。

「建物を建てよう」

そう決めた発注者の多くは、まず見積書作成を各ゼネコンへ依頼することから着手します。設計図も何もない状態で、おおよその建物の完成形イメージをゼネコンへ伝えるのです。

以上のような建設計画入り口の過程をたどると、相見積もり段階で次のような課題に直面することでしょう。

「見積もりが来たのだが、各社とも工事費にばらつきがあって比較のしようがない」

「内訳を見ても専門用語が並んでいて、何を基準に判断すればいいのかわからない」

A社が5億円の見積予算に対し、B社は3億円で、C社は1億円。最高価格をつけたゼネコンが最低価格をつけたゼネコンの5倍、そんな圧倒的なばらつきの予算が各社から届くことも稀ではありません。

これほどの価格差が生じる理由は、見積書を詳細に眺めれば瞭然です。

A社は本来天井をつけなくていいところにつけていたりなど、発注者の要求以上に建材を見積もりに入れている。B社は必要な照明数が確保できていない。C社は必要最低限の建材と品質しか保たれておらず、できあがったら非常に貧相な建物になっていることが容易に想像できる。

発注者の要求は同じもののはずなのに、まったく別の建物計画が返されてしまう。そんな比較評価のしようがない見積書を受け取ることになるのです。

■独立した設計事務所に依頼するべきか

このような事態を回避するために、まず独立した設計事務所に図面作成を依頼する、というオーソドックスな方法があります。合理的ではありますが、メリットとデメリットがあることは把握しておきましょう。

メリットは、図面を引くための綿密な打ち合わせを重ねられるので、発注者の望んだ設計図が手に入ることです。またデザイン性にも優れたものを提案してくれるので、発注者の満足度は高まります。

しかしここに思わぬ罠が潜んでいます。設計事務所が発注者の要求を１００％反映した設計図をつくるため、予算が度外視されることがあるのです。

設計事務所は設計のプロですが、建設工事価格のプロではありません。建設会社が入る段階の前なので、各材料の相場を知らない状態で思うがまま図面を引くことになります。また、発注者の要求を鵜呑みにする理由から、設計事務所は実際に建物が稼働したときの想定を無視して図面を引いてしまうことがあります。とくに工場や倉庫といった特殊な建物の場合、業界に明るくない設計者は生産ラインを無視した設計図をつくりがちです。

ある大手運送会社が某所にオシャレな物流拠点を築き上げました。人目を引くデザイン性に優れた建物で、自社ブランディングに一役買ったのは間違いありませんが、現場のスタッフの評判は今一つのようです。搬出入で不便を感じる場面が多く、「働きやすさが無視されている」と感じる部分が散見される。そんな現場の声を耳にしたことがあります。

設計事務所が作成した理想の設計図をもとにゼネコンで見積書を作成してもらうと、想定を大幅にオーバーした予算が各社から上がってくるかもしれません。そうなると、予算を引き上げるか、予算内に収まるよう計画を再構築することになりますが、予算に限りのある大半の発注者は後者を選ぶことになるでしょう。

そして改めて「予算内に収まる」図面を引き直すのですが、今度はまったく収益性や生産性の低い、当初の目標値に到達できない建物計画が組まれる事態に。投資物件であれば利回りが低下し、工場倉庫なら売上見込みは減ってしまいます。建てる意味そのものがなくなってしまい、計画中止の命令が下されることにもなりかねません。

結論として、設計事務所に依頼するか否かは「どういった目的の建物を建てるか」で判断するといいでしょう。

デザインにこだわり抜きたい外観重視の建物、たとえばマンションやオフィスビル、ホテルやレストランや商業施設であれば、設計事務所への依頼が妥当です。設計事務所はこれらの建物を得意としています。制作実績を参考にして、理想に近い建物を建てている設計事務所に依頼するといいでしょう。

一方、工場や倉庫といった建設後のパフォーマンスが重視される建物の場合、設計事務所の得意分野とはいえません（一部、専門としている設計事務所もあるかもしれませんが）。よってゼネコンに設計と施工の両方を依頼するのが得策でしょう。

工場や倉庫は完成後のメンテナンスも建設会社が引き続き請け負うことが多く、この点からも設計施工一式で発注することをおすすめします。

これもゼネコンの施工実績を参照して、図面と見積作成を依頼する候補を絞るといいでしょう。

また工場や倉庫は設置する専用機械もたくさん設置することになります。建物の形を決めてから機械を決めると、思うような生産性を達成できない建物となってしまうかもしれません。導入する機械を決めてから、それに見合った図面を引いていく、という順番を徹底しましょう。

●建設原価はやってみて初めてわかる

■原価割れはあり得ない

世の中にあるほとんどの商品は原価が概ねわかるものですし、原価がわからないで経営などしていたら長続きしません。

しかしながら、建設工事に限っていえば、原価がわかりません。それもそのはずで、工事を進めながら労務や材料を調達するため、価格変動に都度対応しなければならないこと。そして、期間を要する工事の最中にはさまざまな想定外の事態が訪れること。この主な2

つの要素如何で、建物原価は大きく変わってくるものだからです。

当初は単価１０００円と見なしていた建材が１５００円に値上がりしていたり、人材を調達するまでのコストが2倍かかってしまったり、施工の遅れを取り戻すため機材を当初の2倍確保しないといけなかったり、そういった事態は工事の最中に頻繁に起こり得るものです。

もちろん逆も然りで、原価が思っていたよりも安く済むこともあります。しかし第1章で触れた通り、現代のような先行き不透明な時代では、建設原価は当初の予算以上になるケースが大半となっています。

ゼネコンが最初に出してくる見積書には、確かに各工事項目の費用が載っています。しかしこれはあくまで過去の工事などを参考にした価格であって、現在より先の価格を想定したものではありません。アップデートが足りていないために、大幅に価格がずれ込むことも考えられます。

とにかくここでまず伝えたいのは、工事開始時点では原価など誰も知る由がないということ。

見積もり時に「価格をもう少し下げることはできないかと」と発注者が交渉すると、担当の営業員が恐縮そうにしながら「これ以上下げると原価割れして我々の取り分がなくなってしまいます」と返してくることがあります。

しかしこの時点では原価なんてわかるわけがないのですから、原価割れするかどうかも当然判別できないのです。工事開始前に原価割れなどあり得ません。

「原価割れしてしまう」という営業員は建設業界に明るくない証。依頼先を選別する一材料になります。

■予算と実費の差を縮める手段とは

名の知られた建設会社が名を連ね、優秀な人材が集まって着手される建設計画であっても、当初の予算を大幅にオーバーしてしまうケースは多々あります。その道の専門家であっても、この先の為替相場や原油高の動向、人材にかかる費用の適正値を見極めることができていません。

しかし発注者としては、工事前に建設価格がはっきりしないのは困りものです。スタートした後に予算が2倍かかることが発覚、なんて事態に遭遇したら経営にもマイナスの影響を与えてしまうことでしょう。

スタート時の予算と、最終的な費用のブレができるだけ少なく済むにはどうすればいいのか。工事価格を決定づける重要ポイントについてこれから見ていきます。

●先行き不透明時代に求められる契約形態

■便器でバランスを取る

原価が不明瞭で、工事開始前の予算を低く見積もってしまったがために、発注者サイドが建設会社サイドから追加の予算を求められてしまうことがあります。

ある工事では追加予算の打診があり、詳しい内訳内容に目を通してみたところ、おかしな点に気づきました。２万円ほどで済むはずの便器が、単価30万円と記されているのです。

「なんですかこの便器は、金箔入りですか？」

思わず突っ込みたくなるような追加見積予算でした。

便器を30万円という破格にしているのはあくまで方便。本当はほかのさまざまな材料の調達に想定以上のコストがかかってしまい、それが少しずつ蓄積していたという背景があります。

便器の調達価格を割増し追加予算とすることで、膨れてしまったコストを相殺する意図があったわけです。

すでにゼネコン側には余裕資金がなく、利益分が消えてしまう寸前だったことでしょう。

■状況に応じて価格が変動するコストプラスフィー方式

30万円の便器が書かれたような追加予算内訳を受け取ったとしても、決して頭ごなしに叱ってはいけません。ゼネコン側には悪気はないのです。

原価は誰にもわかりません。工事を進めていく中ではっきりしていくものです。怒ったところで、工事も半ばを過ぎているわけですから、契約を切ることはできません。この追加の予算は呑むしかありません。

とはいえ不足分を便器の価格だけに寄せられてしまうのは不透明感が強過ぎます。これまでの工事でどれだけ想定の原価を上回ってしまったのか、そしてどのくらいの額が必要になってきそうなのか、正味な話をきちんと協議し、両者納得の上で追加予算を投じたいところです。

工事途中での追加予算発生は、近年増えていく一方です。このような事態になることもあらかじめ想定し、契約内容にも「追加予算が出た場合の取り決め」を詳細に折り込んでおくことが望まれます。

そもそも、工事価格を着工前にフィックスさせることに無理があります。

日本の工事の大半は、発注者とゼネコンが契約する最初の段階で建設価格を決める「ランプサム方式」を採用しています。

平成の時代はよくも悪くも停滞の時代で、建設原価が大きく動くケースは少なく、このランプサム方式でもさして問題発生することはありませんでした。

しかし現在の日本には変動の激しい時代が襲来しています。為替が大きく動いたり、海外で紛争が起きて原油高や輸送高を招く事態が、これからより一層に頻発することも考えられます。

そのような急激な価格変動にも柔軟に適応できるような料金システムを築くことが望ましいです。発注者が想定外の破格の追加予算を負担することになるケースは減るでしょうし、建設会社も当初見込んでいた利益が目減りしてしまう事態を防げます。

そこで今後増えていくべき契約形式が「コストプラスフィー方式」です。最初に建設価格を決めるのではなく、実際にかかったコストにプラスして、ゼネコンや各施工会社へのフィーも上乗せした分を、発注者が支払うという方式です。

発注者にとっては事前に正確な価格がつかめないという不安さはあります。しかしこの方式の採用によってゼネコン側は実費の詳細な内訳を開示する必要があり、建物工事の透明性を格段に上げることができます。

契約当初の価格を据え置くランプサム。状況に応じて価格が上下するコストプラスフィー。住宅ローンでいうところの固定ローンか変動ローンかの違いみたいなもので、金額的な長短も似ています。

私たちのような第三者的な立場の機関が入り、建物価格が適正に設定されているかを見守り続ける場合は、コストプラスフィーがなおさら望ましいと考えられます。実費の開示によって「なぜその価格なのか」を徹底的に突き詰めることができ、全員が納得した価格での建物工事を成し遂げられるからです。

これからの時代、このコストプラスフィー方式が少しずつ増えていけるのがいいかなと思います。少なくとも、最初の段階で、どのような価格決定方式にするか、協議し選択できるようになることが望ましいでしょう。

●実費は現場監督の手腕次第

■優秀な現場監督＝コスト削減の神

現場監督というと、どんな人物をイメージするでしょうか。

工事現場を覗いたとき、現場監督が指示出しだけして後は暇そうにしているのであれば、それは非常に優秀な現場であるということを意味します。工事が滞りなく進んでいる証拠だからです。無論、そんな風に現場監督が暇を持て余している現場など滅多にないわけですが。

優秀な現場監督がもっとも忙しいのは工事がスタートする前の計画段階です。どういった順序で施工会社に現場へ入ってもらうか、ゲートは何箇所どこに設けるべきか、最適なクレーンの大きさや台数はどのくらいか。経験と勘を頼りに工事の詳細なフレームを固めていくのが現場監督の役目。

大きな工事案件だと現場監督を担う役職たちが集まり、念入りに会議を重ねることもあります。このときの現場監督の構想次第で、工事全体の費用や工期は大きく変わっていきます。

たとえば労務費は事前に正確な値を出すことは困難です。そこで「工事費全体の何％」という割合がガイドラインで決まっています。20％であれば、10億円の工事に対して2億円が適切な労務比率となります。この数字に基づいて詳細な予算が組まれていくことになります。

2億円を上限としてさまざまな労務の割り当てをするわけですが、ここからどれだけ労務費を「削れる」かが現場監督の実力が試されるところです。

当初は警備員を2人で6日間つけていた現場が、現場監督の優れた采配によって3日間で済めば、警備員の労務費は半分で済みます。あるいは2人でなく、終始1人でも大丈夫だと判断できれば、これもまた半分で済むわけです。

この浮いた労務費は、契約時に工事費用を決めるランプサム方式であれば、ゼネコンの利益となります。

したがって、ゼネコンにとって現場監督の力量はたいへん重要であり、各社間で人材採用合戦が繰り広げられるのも納得です。

また実費に応じて建設価格が決定するコストプラスフィー方式で契約していたなら、実際のコストが安くなるのですから、発注者にとっても負担は相応に安く済むことになります。

こういった現場監督の柔軟なやりくり術が、工事の実費を左右することになります。優秀な現場監督はコスト削減の神なのです。

残念な能力の現場監督であれば、工事はスムーズさを欠き、プランの読みは外れ、工事費が大幅に予算オーバーすることとなります。

「こんなに車も人も通らない現場なのに、警備員2人も必要?」といったような、無駄を感じる工事現場を見たことがあるかもしれません。

こういった現場は、現場監督の判断力が悪く、発注者あるいは建設会社が余分なコストをかけてしまっているということです。

■やりくり上手な現場監督と出会うには

現場監督が優秀だと、協力会社から上がってくる見積書の粗にも速やかに気づくことができます。

たとえば、機械設備会社の見積書の中に「清浄度測定」と「試験調整費」という項目があって、それぞれ40万円ほどの費用が計上されていたとします。それぞれの項目を担当する作業員がいて、２人分の労務費が含まれているということはなんとなくわかりますが、実際にどれほどの労力が必要なのか、専門外の人間には見当がつかず、金額が妥当か判然としません。

しかし優秀な現場監督であれば、工事の規模感から瞬時に「この2項目は同じ人間が担当するはずだからもっと圧縮できるはずだ」と気づけるわけです。もし現場監督が指摘することなくそのまま見積もりを受けていたら、協力会社ががっぽり儲けることになり、余計に払う分の負担を加味した見積書が発注者へと送られることになります。つまり発注者が機械設備会社に価値以上の報酬を支払うことになってしまうわけです。

といったように、必要以上のコストを各施工会社へ払わずに済むためにも、やりくり上手な現場監督であることが望ましいのです。

「この人が今回の工事を担当する現場監督です」と、ゼネコンから現場監督が紹介されるタイミングは会社や案件によりけりです。規模の大きな現場だと企画段階の早い時期から現場監督が入るケースは多い傾向です。周期の短い、小さな案件を数多く回しているゼネコンほど、着工寸前まで現場監督が決まらないことでしょう。順次、工事が終わりフリーになった人間が当てがわれていきます。

現場監督の手腕次第で工事の実費は大きく上下するのですから、発注者の心情としてはなるべく優秀な人物に当たってほしいところ。しかし優秀な現場監督は当然のごとく現場で引っ張りだこであり、当たるかどうかは発注者の運次第という側面もあります。

また、優秀な現場監督だからといって必ずしも発注者に貢献してくれるかも定かではありません。現場監督はゼネコンの社員ですから、会社の利益に貢献することが第一目標です。やりくり上手の恩恵を発注者ではなく会社だけに還元するケースも考えられます。

ある現場ではタワークレーンを2機使用する前提で予算が組まれていました。実際の工事現場をこまめに観察していたところ、タワークレーンは見積書のものよりもサイズが小さく、しかも工事が佳境を過ぎてからは1機に減らされていました。おそらく当初想定していた原価の半額以下にやりくりしていたことでしょう。

これは現場判断が優秀な現場監督の手腕によるものであり、浮いた分の費用はゼネコンの懐へと入る流れとなっていました。企業努力は認めますし、その分の見返りがゼネコンに入るのは納得できますが、いくらなんでも総取りするには大きすぎる額です。交渉したところ、当初の予算を削減する方向で落ち着き、ゼネコンが利益を確保しつつ発注者もコスト軽減の恩恵を得ることができました。

現場監督は、あくまでゼネコン派。発注者とゼネコンとの間に立つ中立的な存在がいないと、発注者は満足な恩恵は得られません。タワークレーンのケースは、工事をつぶさに観察し逐次フォローする第三者機関がいたからこその、コストダウンポイントでした。

●「見積もり」とはなんぞや

■あくまで目標値

「工事費はやってみないとわからない」

「実際のコストは現場を統括する現場監督次第」

そんな話題を展開していると、「ではゼネコンから最初に渡される見積書の存在意義って何なの？」という疑問に立ち返ることになります。予算や工事内容の内訳概要が書かれた見積書を渡されて、発注者サイドはどこに注目し何を評価すればいいのでしょうか。

復習も兼ねて改めて見積書に書かれた予算について言及しておくと、提示額そのものは的外れなものにはなっていません。

建設価格を大きく2つに分ければ「材料費」と「労務費」になります。材料は見積もり当時の相場から確かな額を見繕っているので、社会情勢を揺るがすようなよほどの事態が起こらない限り、材料費が想定よりも大きく上下することはありません。かなり信頼に足る内容です。

労務費については、工事の規模に応じて予算を組む積算基準に基づいているのでこれもある程度は正確です。

ゼネコンの利益としては、材料費と労務費に加えて「一般管理費」や「現場管理費」などが見積予算に計上されており、ここに最低限の取り分が含まれています。さらに、先述したように、現場を進めていく中で上手なやりくりが行われることで、浮いた分の費用がゼネコンの利益として吸収されることになります。もちろんその逆もあって、想定よりも工期が遅れたり材料調達に手間取れば、予算が膨れ、ゼネコンの取り分が減ることもあります。

いずれにしろ、想定外にかかったコストのうちの「許容範囲のズレ」はゼネコンが受け入れることになるわけで、予算に書かれている建設価格と実際にかかる建設価格はそこまで大きな乖離は発生しないはずです。

しかしながら、実費が予算から大きくはみ出すことは多々あります。ですから発注者は、「見積予算に書かれている建設価格はあくまで目標なんだ」ととらえておくのがベターでしょう。

では、材料費や労務費の高騰といった外的環境以外で、予算から大きくはみ出し、発注者が大きな追加予算を負担することになるケースとは何か。大きく次の２つがあります。

１つめは見積書に不備や不足があるケース。

ゼネコンの指定した施工会社の技術力が足りず、施工不良が発覚し、同じ工事をやり直すことになった。発注者とゼネコンとの間の確認不足によって、できあがった建物が発注者のイメージとかけ離れたものになっており、追加の工事を余儀なくされた。こういった場合はつくったものを壊してまたつくることになり、大幅な追加費用がかかってしまいます。

見積書に初歩的なミスがあることもままあります。単価の桁数が1個少なく見積もられていた、なんてまさかのケースも経験したことがあります。工事前に気づければ予算を修正すれば済みますが、工事がスタートした後ではこれも追加予算の材料となってしまいます。

２つめは工事中に想定外の事態が起きるケースです。土の中に大きな岩が見つかり、撤去する必要が発覚する。工事中に大型の台風が直撃し、瓦礫の除去と再工事に手間取る。こういった思わぬ事態でも追加の費用はかかってしまいます。

この2つめのケースは誰にも予想できないことですので、抗いようがありません。事前に対策するとするなら、いい保険に入って発生時のリスクを減らす程度でしょう。

私が発注者サイドに気をつけてもらいたいのが前者のほう、見積書の不備や不足を初期段階でどれだけ見つけられるかです。

見積書のミスにどれだけ気づけるか。発注者とゼネコンとの間にあるイメージ差をどれだけ埋められるか。

ここが工事実費のブレを少なくするための重要ポイントとなります。

■一式を開く

見積書の難点は全社共通の書式ルールがないことです。フォーマット化されていないため、各社ごとで表現の仕方が微妙に違っています。

実際の見積書を見てみると、「一式」という言葉がたくさん並んでいることに気づきます。

本来なら各工事ごと、必要な施工項目や材料などを「数量」と「単価」で表現しなければなりません。たとえば排水設備工事に「塩化ビニル管」の項目があったとして、数量は

「36ｍ」、単価は「191円」、合計金額は「6876円」というように細かく書き込まれているはずです。

しかし中には数量や単価をすぐには算出できなかったり、数値化できないものは、「一式」という表現で大雑把に表現しています。

この一式ほど謎めいていて、建設業界のブラックボックス化に一役買っている言葉もないかもしれません。

ある工事の見積書作成をA社に依頼したところ、「仮設工事」が一式で大まかに書かれていました。一方、同じ工事の見積書作成を依頼したB社はより細分化しており「共通仮設工事」と「直接仮設工事」に分けられ、数量や単価も詳細に書かれていました。

この2つを比較しようにも、A社の見積書が大雑把すぎてどうしようもありません。

このような場合は、「見積書を比較したいので仮設工事の詳細をもう少し書いてください」とA社に再依頼するのがいいでしょう。ここで見積書の詳細化を渋られるようなところは、必要以上に利益を見積書に上乗せしていると思われても仕方がありません。詳細な予算見積書を出しているB社に工事依頼するのがベターでしょう。

依頼先の選別材料の1つとなるので「一式を開く」ことができそうな項目については、「詳細化してほしい」と頼んでみるといいでしょう。

●見積もりの見どころ

■見積もりで競わせたらえらい目に

詳細な情報が必要な箇所の一式を開けたら、いよいよ見積書でより深い精査をしていきます。具体的に起こすべき行動を解説しましょう。

数社に見積書作成を依頼して相見積もりをとるのであれば「競わせる」という発想をもつ発注者は圧倒的に多いです。

各社に頑張ってもらい、第一弾の見積書に書かれた予算をさらにスリムにしたものを再構築してもらうというのは、確かに有効な手立てです。

しかし冷静に考えてみると「契約さえとって工事をスタートできれば途中解約はないから、あとはこちらのものだ」と、工事後の上乗せ前提で無茶苦茶な見積書を渡されることもあるわけです。

まして現代は材料費も労務費も高騰傾向ですから、「思っていたよりも調達にお金がかかってしまって」といった言い訳はいくらでもできてしまいます。

競わせるという采配を選んだことで、後々大きな問題を招いてしまうケースもあります。

ある工場建設の案件では、発注者サイドの重役が「この会社に仕事を取らせたい」から と、縁のあるX社に他社の見積書を漏らしました。国や自治体が発注者の公共事業の入札案件では漏洩は罰則ものですが、企業の工事案件であれば問題はありません。その後、X社は競合の最安値よりも100万円ほど予算を下回っている、図られたように大幅コストダウンした見積書をつくり直してきました。

しかしそんな簡単に大胆な値下げなどできるものか。発注者サイドの担当者から「中身をチェックしてほしい」と依頼を受けました。

精査してみたところ、なんと、空調設備がすべて「別途」となっていたのです。つまりX社は空調設備のない見積書を組み直してきたことになります。

空調設備は工場にとっての呼吸器官。なかったら稼働できるはずがありません。もしX社に発注していたら、完成後に空調機がないことが発覚し、さらに追加工事を余儀なくされたことでしょう。担当者のクビは飛んでいたかもしれません。

X社の魂胆としては「契約してしまえばこちらのもの」「空調設備工事もうちで受けるしか手段はないだろう」という算段だったのでしょう。

こういったリスクも考えられるので、必要以上に競わせること、「もっと負けてくれ」としつこくけしかけるのは逆効果。まして現在の建設業界は仕事にあふれていますから、

「これ以上の値下げはできません、ほかを当たってください」とそっぽを向かれることにもなりかねません。

工事がスタートして以降の良好な関係構築のためにも、しつこい値下げ交渉は禁物です。

■単価ではなく数量を見る

そもそも見積書には価格交渉の余地がある項目と、そうでない項目があります。

まず値下げの余地がない項目は何かというと「単価」です。契約時点での原価相場のプラスマイナス10％以内で単価が設定されているのであれば、交渉は難しいです。「単価5000円の材料を3000円に値下げしてくれ」といった値下げ要求はできません。

かつてはこのような単価の交渉をゼネコンと行うのも1つのコストダウンの手段として一般化していました。この単価の値下げとはつまり、材料を生産するメーカーや協力会社の施工会社に我慢の皺寄せがいくことになります。

過度な値下げ強要は、元請けと協力会社との間の建設業法に違反する行為になるため、現代では協力会社の設定した単価を必要以上に下げることはできなくなっています。この点はゼネコンも十分に熟知しているので、単価が相場から大きく外れているようなケースはないと思っていいでしょう。

では交渉の余地があるのはどこかといえば「数量」です。
たとえば、型枠工事と呼ばれる施工の数量が、本来であれば「５００㎡」くらいが適切な工事のはずなのに、「１５００㎡」といったこちらの想定を逸脱した数字を出してくることがあります。

単純に打ちミスなのか、確認不足なのかわからない部分ですが、数量の異和は話し合いの余地があります。設計図に不明瞭な部分があり数量に違いが出てくることもあるので、この段階でもう一度綿密な協議を行うことで、より正確な予算がつかめ、なおかつコストダウンにもつなげることができます。

■施工ダブり問題

もう１つ見積書で重要なチェックポイントとなるのが施工の重複がないかどうか。
たとえば仮設工事には、各施工会社で共有して使うことができる「共通仮設」があります。ここに関する施工の重複はよくある話で、たとえばゼネコンのつくった全体の見積書の中に共通仮設の工事費が組み込まれているのに、設備会社の見積項目にも同じ仮設工事が含まれていることがあります。

この見積書のまま工事が始まると、「もう仮設は組まれているんだな」ということで、設備会社が当初見積もっていた仮設費用は丸々かからなかったことになります。ではその浮いた分は発注者サイドへ返金されるかというと、決してそういうわけではありません。建設会社サイドの取り分として吸収されるのがほとんどです。

こういった施工ダブりはゼネコンの入念なチェックであぶり出さなければならないのですが、人手不足のせいなのか、元から発注者に隠して懐にしまうつもりなのかわかりませんが、見過ごされているケースが散見されます。

ここに気づけるかどうか。これが発注者の負担を大きく左右するのです。発注者サイドだけでは難しいポイントにつき、ＣＭのような専門家のサポートは必須でしょう。

●工法はコスト削減の肝

■あえて中央に柱を立てて鉄骨量ダウン

発注者と建設会社のコミュニケーションは十分にとっておくべきですが、発注者の要求をすべて満たそうとしたばかりに、かえってコストパフォーマンスの悪い建物が建ってしまうこともあります。

工場や倉庫といった、高い生産性が求められる建物をつくる場合、発注者サイドから頻繁にあがる要望が「柱と柱の間隔はできる限り離してくれ」「人が通るところに柱は置かないでくれ」といった類のものです。

発注者のこの心情はよくわかります。できあがった後のレイアウトの自由度を上げ、最大効率のパフォーマンスが出せるようにするため、できるだけ柱を少なくし、大空間を確保できるフロアにしたいわけです。

しかしこの要望をそのまま満たすとなると、１つひとつの柱や梁部分を太く頑丈にする必要があり、使用する鉄骨の総量はかなり多くなってしまいます。

そこで私はあえてこう提案します。

「フロアの真ん中に1つ柱を置きましょう」と。

こうすることで結果的に梁と柱のサイズが小さくなり、使用する鉄骨の総量も少なく済むのです。

真ん中に柱。たったそれだけのアイデアで鉄骨のコストは１０から２０％ダウンさせることができます。

「真ん中に置かれると稼働したときにいろいろ不便だ」

このように発注者に反論されることもあるのですが、柱が真ん中にあることを前提に機械や人を配置するレイアウトを考えれば、生産性が落ちることはありません。たとえば真ん中の柱の周りに機械を設置し、それらを囲うように人が通る通路を設ける。柱を中心に据えたレイアウトで、想定と大差ない稼働効率を発揮できます。まして柱の全体数は少ないわけですから、機械台数や配置人数を増やせ、むしろ期待以上の効率が出ることもあります。

■先入観を捨ててみる

機械を置くのだから柱を真ん中に置くのはナンセンス。真ん中には絶対に置かない、という発想のままで工事を進めていくと、結果的に余計なコストがかかったり、建物の生産性を下げることになってしまいます。

本来であれば建設会社サイドが「発注者の要求をすべて満たすと、かえって望んでいないものができてしまうのでは」という発想をもち、先ほどのような新しい切り口での構造や工法を提案するべきです。しかし建設会社もそこまで考えリソースを割いていく余裕がないため、ただただ流れ作業のようにして発注者の要求を鵜呑みにしてしまいがちです。

「本当にその工法でいいのか」

この視点をもつ立場の人間がいることが重要であり、それがコスト削減の肝となります。

指揮を執るゼネコンは、自分たちがつながっている関係会社の工法しか把握していないことも多く、「自分たちの知っている世界が建設業界のすべて」と錯覚しているケースも多いです。これも裏を返せば、新しい情報を取ってくるだけの余裕がない状態を意味しています。

だから建設のサポーターとしてかかわる私たちのほうから「もっとコスパの高い工法があるんですよ」と紹介すると、ゼネコンにも喜ばれ、「その工法で行ってみましょう」と即決で採用してくれることもあります。

わかりやすい例だとエレベーター。中堅以上のゼネコンは、大手のエレベーター会社と提携しているのがほとんど。しかし新しい情報を常に求めている私たちは、大手と遜色ない品質で、比較的安価の中小エレベーター会社のリストをもっています。この情報を共有するだけでもゼネコンにはかなり感謝され、より低コストな建物づくりに貢献できます。

いまは建材メーカーなどが知恵を振り絞って、独自の工法をたくさん開発し提案しています。それらの新情報をつかみ、本当にいいものなのかどうかを見極めるのも私たちの役目です。

ゼネコンだけでは見つけられない新しいソリューションを提供し、より建設の価値を高めていく。こうすることでゼネコンにとっても発注者にとっても、最高の形で工事をスタートさせることができるわけです。

●「新しい」「コスパよさそう」のイメージで決める危うさ

■1人歩きするシステム建築

魅力的な新工法が続々と提案されている、といったばかりではありますが、これまでにない工法だからとすぐ飛びつくのも危ういです。

「新しくて安い工法らしいから」

こういう理由で、念入りな比較や検討をせず、新工法を使った工事に決める発注者がたまにいますが、もう少し冷静になるべきと感じます。

20年ほど前でしょうか、工場や倉庫の建設方法として、あらかじめ設計や施工の手順がシステム化された「システム建築」が登場し、以来今もなお人気を博しています。

システム建築のワードから連想されるイメージは「納期が早く、コストも安く済む」になるでしょう。しかしそういったメリットの一方で、材料や設計が一本化されているため、勝手が利かなく、形状を変えたりすることができないという制限が付いています。

システム建築は限定された条件下にのみ適合できる工法なのです。基本的には真四角に近い建物で、１階建てのものしか建てられません。「事務所を併設したい」「２階建てにしたい」「長方形にしたい」といった要求には、応えることができても在来工法とあまり金額が変わらなくなってしまいます。

そもそもシステム建築は建設会社ではなく鉄鋼メーカーが開発した新工法でした。建物や橋などの構造を設計することに長けた鉄鋼メーカーだからこそ提案できるものであり、国交省からのお墨付きももらっています。

だから構造計算の確認申請といった細かな手続を省け、なおかつ材料の調達や加工もスムーズなため、短納期やコスト減を実現できているのです。

発注者の追加要求に応じることができないのは、改めて構造計算をする必要があるからです。システム建築の強みがゼロになり、結局従来の建て方と変わらない手順を踏むことになってしまいます。

要するに、精緻な橋梁工事をするような信頼性抜群のメーカーだからこそのシステム建築なのです。

しかしながら、システム建築のワードからわくイメージが１人歩きして、「柱・梁・壁・屋根・壁、すべてパッケージングして販売」するものをシステム建築とし、「一括だから安くて早い」というイメージで売り出しているメーカーもあります。そしてこういったタイプのシステム建築は、発注者のオーダーメイドにも応えられる柔軟性を売りとしていたりします。

前述の鉄鋼メーカーのそれとは違って、このシステム建築は発注の都度、構造計算を行う必要があります。よって建設の際は各種細かな手続も必須となり、結局は普通に建てるのと大して変わらない価格になってしまいます。むしろ品質面で劣ってしまうこともあるかもしれません。

イメージ先行で「システム建築なら普通のやり方より安いだろう」な「だろう判断」はこのようなリスクを纏っているのです。

■「早い」「安い」だけで決めてはいけない

倉庫建設に限った話になりますが、最近よく問い合わせを受けるのが「テント倉庫」です。

これも納期が短く安価で建てられるのが魅力の工法です。建物の価格が上がりすぎているため、イニシャルコストを抑える名目で需要が年々高まっています。

確かに「早い」「安い」のメリットは大きいのですが、冷静に中長期の目線でじっくり考えることを、発注者は忘れてはいけません。

テント倉庫は名前の通りテント仕立ての簡素な素材につき、外装の劣化は早い傾向です。「20年くらいで使い倒す」という判断であればインスタント建築ともいえるテント倉庫は、うってつけでしょう。しかしそうなると減価償却による年間経費は高めとなるため、収益パフォーマンスの悪い倉庫になるかもしれない点には留意したいところです。

またテント倉庫に空調設備は置けないため、細やかな温度調節ができません。運送業者が顧客の荷物を置く場所として使うのには適さないでしょう。中で人が長時間作業するのにも向いていません。結局空調が必要となり、テント内に空調完備の作業用コンテナハウスを置くことにしたとなったら、本末転倒な話です。それならば最初から空調設備の置ける

短納期低コストながら品質が保たれているシステム建築は、限定された条件下で建てられるからこそ、そのメリットが全力発揮されます。

倉庫を建てたほうがコスパよしです。

こういった点を踏まえつつ、イニシャルコストを抑えるだけでなくランニングコストも加味しながら、採用の可否を決めていきたいところです。

あまり「新技術！」「新工法！」というワードだけですぐ飛びつくのはおすすめできません。単なるイメージ先行商売で、従来の工法と大差なかったり、あるいは安い分質が悪かったりというのは業界ではよくある話です。

そもそも新工法を確立するにはかなりの時間を要します。すべての新工法がうまくいくわけではなく、お蔵入りもたくさんすることでしょうから、これまでの建設の常識を覆すような画期的な工法というのは、30年に1度出会えるかどうかのレベルというのが肌感です。

●お金を取るか、手間を取るか

■アフターケアに弱い完全分離発注型工事

建設価格をもっとも安く済ませる方法は、工事にかかる各施工の依頼を発注者が全部受け持つ「完全分離発注」を採用することです。

ゼネコンは工事に必要なあらゆる施工会社を、すべて揃え面倒を見る役割を担っています。そのプロデュース代といったものを発注者はゼネコンに支払っていることになります。

このプロデュースを発注者自身が担い、基礎工事はこの会社、外装はあの会社、といった具合で自身で見繕えば、手間はかかりますが出費を減らすことができます。そして工事の管理進行だけは、ゼネコンに音頭をとってもらうのです。

ゼネコンを介さない完全分離発注による建設工事は、確かに理論上はコストを最大まで安く抑えられます。

海外でＣＭがかかわる工事は、このような完全分離発注型で進められるケースが多いです。各施工の組織組合が高い水準で機能しており、万が一にトラブルが発生した際の補償関連が充実しているため、完全分離発注のしやすい環境となっています。

このやり方を日本で踏襲するのは危険です。海外のような施工ごとの確たる協会があるわけではないので、工事完了後のアフターケアに難儀するからです。もし仮に工事後に施工不良が発覚したとしても、ゼネコンは面倒を見てくれないことでしょう。それは当然の話で、発注者サイドが引っ張ってきた施工会社の品質保証なんて、ゼネコンに請け負えるわけがありません。

そうならないためには分離発注先の各施工会社と綿密な打ち合わせと手厚い契約を交わ

すことになり、発注者サイドは専属のプロジェクト担当者を置く必要が出てきます。

各施工会社のリストアップまでゼネコンに任せる従来のやり方であれば、アフターケアもワンストップ。何か問題があればゼネコンに問い合わせれば速やかに対応してくれます。多少の仲介手数料は取られても、そのほうが発注者の負担を抑えてくれお得です。

■設備関連だけ分離発注は検討材料

ゼネコン完全任せが発注者の負担を減らせるものの、電気や空調といった設備関連については、発注者サイドで手配するのも一考の価値ありです。

アフターケアでいちばん呼ぶ機会が多いのはこういった設備関連です。ゼネコンを通さず直接問い合わせたほうが話が早いことがほとんど。とくに倉庫や工場といった建物の場合は専門性が高く、最適な設備会社の絞り込みは発注者サイドのほうが手慣れているかもしれません。

というように、一部のサブコン（協力会社）は分離発注にする、というやり方は、手間もコストも減らすことができるケースもあるので、検討するのがいいでしょう。

サブコン側にとっても、発注者と直接向き合っての打ち合わせと金額決定を行えるので、メリットは大きいです。

第４章　環境に配慮した建物づくりの今

●災害が多く、災害に強い日本

■災害大国ニッポン

総務省統計局の「世界の統計2022」によると、日本の面積は世界の0・29%ほどを占めています。地球全体から見たら小粒サイズの日本ですが、実は地球上に存在する活火山の7・1%が日本に集結しています。

加えて全世界で起こったマグニチュード6以上の地震のうち、18・5%が日本の領域を発信源としています。

噴火や地震の不安だけではありません。台風もこれほど小さな島国でありながら毎年いくつか上陸し、各地に甚大な被害をもたらしています。

おまけに日本は縦に長い島国で、内陸は山が脈々と連なっており、地震や豪雨による土砂崩れも頻発しています。

災害大国ニッポンという言葉がいつからあったのかわかりませんが、これほどバリエーションに富んだ災害を受ける国というのもなかなかありません。しかもその災害の程度は非常に大きく、自然界から強烈な試練を受けている修羅の国といえます。

■ある意味では人災

前向きなとらえ方をすれば、災害の多い国だからこそ蓄積されているたくさんのデータや経験があり、教訓として事前に入念な準備を施せているのが日本です。

災害対策の基準は他国に比べ高めに設定されています。災害発生時の危険度を視覚化したハザードマップを見れば、どこが安全でどこが危ないかひと目で把握できます。

災害の多さ、そして建築基準の厳格さから、一時期は日本での建築を避けるような向きもありました。私のところにも「海外にオフィスを構えたいのだが」という相談が頻繁に舞い込む時期がありました。

しかしその傾向が時流とともに薄らぎ、だいぶ潮目が変わってきたように感じています。そのいちばんの理由は、気候変動の影響で海外でも想定以上の災害が増える傾向にあるからです。建築基準の低い国では当然、災害対策の貧弱な建物が建っているわけですから、想定されていない災害に見舞われたら、建物はあっさりと損傷しています。実際にそういった海外ニュースを見る機会は増えており、世界規模で自然災害への取り組みを見直す時期に差し掛かっています。

そのようなわけで、海外建設はメリットよりデメリットのほうが勝っているのが昨今の実情です。

「日本の仕事は丁寧で、建物はやっぱり強い」という当たり前の原点に立ち返り、再び日本での災害対策に特化した建物づくりに注目が集まっています。もちろん、円安の影響や地政学リスク回避のためなどで海外建設を避けているという背景もありますが。

とはいえここまでもしつこいくらいに書いてきた通りで、日本の建設価格は上昇の一途。災害対策を講じたくても、資金調達に苦労してなかなか踏ん切りがつかない建物も多いわけです。

こと企業の建設計画となると、利益追求の理念にならって価格だけがフォーカスされがちです。安さにこだわるあまりに、安全性を軽視した建物を建ててしまうケースも少なくありません。

個人宅を建てる場合なら、家族を守るため長年にわたって頑丈な家づくりに執着することでしょうが、自分の所属する組織の所有する建物のこととなると、さほど長期的な視点を重視しない担当者も多くいます。

まして大きな企業ほど数年で部署異動があるため、「自分が在籍している間だけ品質がもてばいい」という発想で、短期的には収益性が高いながらも、災害対策の甘い工事を発注することも考えられます。

実際そのようにして建った建物たちが、過去の大きな震災で倒壊し、甚大な被害を招いたというのも、水面下では起こっていた皮肉な事実でしょう。直接的には自然災害ではありますが、間接的には人災ともいえるわけです。

ここまで本書は、質が高くかつ余計なコストを負わないための建設アイデアに終始しました。ここでは視点を変えて、地球環境や建物を利用する人間により配慮した、企業規模そして地球規模な長期目線での建物づくりの話をします。今風の言葉でいう、「ＳＤＧｓ」や「ＥＳＧ」に絡んだ建物の今について考えていきます。

●想定の上を行く自然災害

■万全な対策は不可能

災害大国ニッポンの災害対策は万全。そのような文脈で話を始めましたが、実のところそうともいえません。

たとえば地震。１９９５年に発生した阪神淡路大震災を教訓に、建物の補強に国は力を注ぎました。旧耐震基準で建てられた建物の耐震補強工事を普及させ、室内に置く家具の倒壊防止も徹底させる意識を高めさせました。また火災被害も甚大だったことから、延焼拡大を防ぐための施策も進めています。

その後に発生した大震災では、この教訓と対策は生かされ、被害を抑えることに成功したといっていいでしょう。

２０１１年に発生した東日本大震災はマグニチュード９・０という歴史上稀に見る超巨大地震でありながら、建物の倒壊や火災被害は抑えられたと評価できます。しかし想定外の災害がありました。津波です。東日本大震災を教訓に、その後は津波対策も徹底するようになっています。

このように、国の基準をやすやすと乗り越えてしまう、想像の上の上を行くような自然災害が起こり得るのです。

台風も同様です。建物は「風速50メートルまでなら耐えられる」基準で建てられており、50メートルを超えると倒壊の危険があるとされています。しかし最近日本に上陸する台風はその規模を強めており、都市部でも風速55メートル以上を観測するケースも増えてきました。

火山噴火のリスクも年々増しています。世界有数の火山国とはいえ、火山による災害の予測というのは、データが少なく適切な対策シミュレーションは行われているといえません。実際に大規模噴火が発生したら、私たちの想像を絶するような事態が起こっても不思議ではないのです。

■「掘る」「埋める」の代償

地味に着実に被害を深刻化させている災害が地盤沈下です。開発事業やインフラ整備によるものだけでなく、地震や洪水などの自然災害によっても、地面が少しずつ沈下する現象は各地で発生しています。

海外の話になりますが、都市化が著しく一気に成長した中国の地盤沈下は相当に深刻な問題となっています。上海では開発前から3メートルも地盤が沈下した、という報告もあるくらいです。

上海は海に面した地域です。３メートル沈下したということは、豪雨や津波など水害による被害が発生した際にはより深刻な被害をもたらすことを意味しています。

日本ではリニア開発のためトンネル工事を行っている地域の周辺でも地盤の沈下やズレが起きているようで、建物や道路に悪影響を及ぼしているとのこと。土を掘った代償を近隣の住民が払う事態となっています。地盤沈下による地面のズレを原因とした事故の発生も考えられるため、今後は対策を強化する必要があることでしょう。

私も実際に目にしていて危機感を抱いているのが埋立地の地盤沈下です。

とある臨海部の埋立地に建てたビルが、地盤沈下を起こしていて、利用者に悪影響を及ぼしていました。

もともとこの埋立地界隈の建物は、地盤沈下が起こることを前提として建てられていました。すなわち杭なしで建てられており、簡単にいえば地盤が沈むと同時に建物も沈むような構造でできています。こうすることで、道路が下がっているのに建物は浮いたままで段差ができる、といったズレ現象を防ぐことができます。

しかしこの杭なし工事はまた別の問題を引き起こすのです。

同じ建物内であっても、直下の地面が大きく下がるところもあればあまり下がらないところもあります。杭を打たず地面に乗っかっているだけの建物だから、この沈下の高低差によって建物自体が傾いてしまうという現象が起こっているのです。こうなると家具が倒れやすくなり危険ですし、人間の体調にも影響が出てきます。吐き気を催したり、睡眠障害も起こすそう。そして何より、地震が発生したときのリスクが大きすぎます。

傾きによる被害や地震発生による液状化現象の危険性など、埋立地で起こっている地盤沈下は、今後も深刻化の一途をたどることでしょう。

過剰な開発を進めてきたことによるしっぺ返しは、これから想定以上の被害をもたらすかもしれません。先ほどの臨海部の埋立地に建てたビルは、中に入っているテナントが出るタイミングで建て替えを考えています。

大きな被害が出てしまう前に、建て替えなど具体的な対策をとるべきです。

●命を守る改修

■建物をリフレッシュする2つのリフォーム

利用する場所や住む場所を選ぶ際の判断基準は、立地や安さだけでなく、安全性が高いかどうかも重要なファクターとなっています。オフィスビルや倉庫といった働く場所も、地震が来たらあっさり崩れそうなボロボロの建物だったら、誰も近寄ろうとしません。

自然災害発生時の建物に発生するリスクから目を背け、問題を先送りにしている建物をたくさん見かけますが、もしものときのためにも、働く人たちの安全や安心を確保するためにも、早めの対策は必須です。

建設価格が右肩上がりの現代においては、建て替え工事よりも安価で済むリフォーム工事の発注が盛んとなっています。リフォーム業者もここ数年でボリュームが増えています。

リフォームには大きく２つあり、建物の見栄えを若返らせるものと、暮らしの安全を高め命を守るためのものがあります。

「見栄えをよくしつつ地震にも強い建物に生まれ変わります」

このように一挙両得な営業をしてくるリフォーム業者もいます。

一見すると耐震補強をしてくれるのかと思いますが、あくまで「強くなる」という漠然とした表現であり、耐震補強とは言い切っていません。

そもそも資格を有している耐震補強の業者であればリフォームより先に耐震診断を行うはずです。それをせずリフォーム工事を始めるのだとしたら、耐震補強はしないことを意味しているので、真の意味で地震に強い建物とはなっていません。

新品に近い見栄えになったとしても、建物の本質部分が新しくなっていなければ、単に上塗りのお化粧をしただけ。地肌はボロボロのままです。

こういった、詐欺とはいわないまでも、曖昧なリフォーム工事を営業され低品質の仕上がりとなってしまうケースは、個人宅がターゲットとされたびたび騒動となっています。ひどいものだと手抜きリフォーム工事を施されて耐震性が弱化し、天井や壁も脆くなって雨漏りが頻発する、なんて事例もあるので怖い話です。

業者の下調べは徹底し、少なくともいくつかの業者を比較する手順を踏みましょう。決して営業された玄関口で契約しないことです。

企業がリフォーム工事を行う際も、見栄えよりもまずは安全性を高める改修工事を優先順位の最上位に置いておくべきと思いましょう。

命を守る改修を常に念頭に置いてください。

■改修 or 建替の判断基準

日本はよくも悪くも、アメリカナイズされたスクラップアンドビルドの精神が建設業界に刷り込まれています。

老朽化した投資物件を所有するオーナーは、建設会社や不動産会社から頻繁に「建て直ししましょう」と提案されます。新しいものが建てば家賃収入見込みは上がるでしょうし、入居も付きやすくなるでしょうから、初期費用さえ目を瞑ればオーナーにも魅力に映ります。建設会社サイドにとっては、無論、改修よりも建て直しのほうが大きな利益が得られるためメリット大です。

しかしより深部まで観察してみると、建て直しを即断できない事情が見えてくるものです。

マンションは人の住むところ。すでに入居がついているわけですから、「建て替えをするから出て行ってくれ」と有無を言わせず入居者を追い出せるわけではありません。建て直しの後にまた戻ってくる契約を結ぶとしても、仮住まいの費用をオーナー側が負担する必要が出てきます。

また、建物が時間をかけて老朽化していくとともに、住んでいる人たちも齢を重ねているものです。生活環境を強引に変えることに抵抗感を覚える方も多いことでしょう。入居者全員の賛同を得るには難儀することになります。オーナー自身も、高齢者の方に苦労させてまで建て替えをすることに躊躇するはずです。

私が担当した築60年の15階建てマンションもこのような背景を抱えていました。オーナーはもともと公営住宅だったこの建物を15年ほど前に購入、旧耐震のため建て替えの必要がありました。入居者は高齢が多く、立地はいいですが、人口減が続く世の中で、新築にしたところではたして満足に入居者が集まるかも疑問です。検討の末、耐震補強の改修工事をすることで進んでいます。これなら入居者を移転させる必要はありません。

似たような判断を迫られる機会は、建物も人も高齢化が顕著になっていく中で、これからさらに増えていくかもしれません。

命を守るための改修は絶対に必要として、建て替えるかリフォームにするのか。費用や収益性や生産性だけでなく、利用する人たちの声に耳を傾けるのもポイントとなります。

●人離れ深刻な職場の働き方改革

■過ごしやすさが定着率を決定づける

自然災害から建物の安全を守る話から入りましたが、続いては労働環境と建物の関係にも触れていきます。

大手も中小も、あらゆる企業が人手不足に悩んでいます。人口減を主たる理由としていますが、各企業をつぶさに眺めてみれば、人材が潤っていて健全な財務状況を築けている企業もあります。

企業側が人材を選び放題の買い手市場の時代はとうの昔に終わりました。これから先は完全な売り手市場、働き手が企業を選ぶ時代です。何も対策を講じずにいたら人手不足倒産まっしぐらでしょう。

「労働時間も守っているし、給料もいい。なのに人が集まってくれない。雇ってもすぐに辞めてしまう」

人材集めの核心的な改善案が見出せていない経営者は、今一度働く場所に目を向けてみてはいかがでしょうか。

働きづらい職場、働くことに不安を抱く職場は嫌われます。どんな業種であれど、そこで働く人たちにとって過ごしやすく配慮されていないと、人材は定着してくれないのです。

求職者からみて、給料や労働時間や通勤時間など諸条件が同じ２社の募集企業があったら、最終的な決め手材料となるのは、職場の居心地になることでしょう。

たとえば、居心地のいいオフィス空間は、一昔前は１人当たり６㎡が妥当とされ、その数字にしたがってフロアは設計されていました。しかし時代が変わり、現在は最低でも10㎡は超えていないと、従業員の快適性が損なわれるとされています。

パソコンなどIT機器が普及する前の昭和時代に建てたビルのフロアをそのまま使っていて、従業員数も据え置いているなら、従業員は居心地の悪さを感じながら日々働いていることになります。人材を増やしたいのであれば、まずはもう1つ同じ広さのフロアを押さえる必要があるわけです。

「もっと働く人の立場になって建物づくりをしていれば、人材が定着してくれるのに」

そう感じさせる現場を何度も見たことがあります。

働く場所の環境を見直す。これも働き方改革の1つであり、従業員の満足度を高め労働意欲を上げ、企業価値を高める一材料となるのです。

■職場の働き方改革は急務

では実際にどういった環境見直し策があるのか。いくつかアイデアを紹介します。

自社オフィスに限る話ですが、シンプルで手頃な手段でいうと、建物のデザインを特徴的にするだけでも働き手の心境に違いが生まれます。

どうせ働くのであれば、ありきたりな建物やボロボロの建物ではなく、オシャレな外観や内装のところがいい。これは多くの求職者が思っていることです。

丸の内のビルで働きたいか、地方の雑居ビルで働きたいか。同じ仕事内容だとして、どちらかを自由に選べるとしたら、おそらく全員が前者を選ぶことでしょう。

「こういうかっこいい職場で働きたい」

「みんなに自慢できる建物がいい」

そう思ってもらえるようなデザインの建物へと彩る工夫はおすすめの見直し策です。建て替えや改修の際には、安値でありきたりなものにするのではなく、少し予算を増やしてアクセントのついた自社ならではのデザインの建物にするといいでしょう。

工場や倉庫など体を動かす職場であれば、過ごしやすい環境はなおさらに重要です。茹で上がるように暑い職場や、凍るように寒い職場では、誰も働きたがりません。「うちは熱いものを扱っているのだから当たり前だ」と開き直る経営者もいますが、そういうところは大抵慢性的な人手不足に陥っています。

暑さ対策として断熱塗料や断熱シートを取り入れているところもありますが、残念ながら劇的な効果があったという話は聞きません。

それもそのはずで、そもそも日差しの強さだけが室内の暑さの原因ではないからです。地面がフライパン状態となり熱せられた空気、これが建物内に入り込んでくる限り暑いです。日中密閉できればいいのですが、搬出入が頻繁に行われる倉庫や工場ではそうもいきません。

暑すぎ寒すぎな仕事場の改善策は、扇風機をできるだけ置くこと。天井に大型ファンを置くだけでかなり効果は違ってきます。空気を流すことで夏は涼しい風が、冬は暖かい空気が満遍なく行き届きます。

まだまだこういった暑さ寒さ対策に本腰を入れていない職場はあり、汗だくだったり凍えそうにしている従業員を現場で見ることはしばしばあります。

今はまだ耐え切れるレベルであっても、温暖化が深刻になっている地球の現状を踏まえると、いつかは対策の必要性が出てきます。従業員が病気になってしまったり、辛くて辞めてしまう前に、職場の働き方改革に着手しましょう。

■憩いの場やライフステージに寄り添う施設

従業員の働き心地向上作戦として、猛スピードでニーズが高まっていると感じるのは憩いの場です。

たとえば、更衣室やロッカー室といったパーソナルな環境をおしゃれにリニューアルすることで労働意欲が上向きます。最近では女性専用のパウダールームを設けているところも多く、倉庫や工場で働く人たちにとってはとくに待ち望まれている設備です。

ほかには食堂も重要な憩いの場でありライフライン拠点です。飲食店の少ない郊外の立地では、社内食堂の有無は求職者の重要な判断材料となります。従業員の健康面のフォローもできますし、食事補助を出すことでより従業員満足度を高めることができます。

従業員のライフステージに配慮した施設も検討しましょう。

企業が苦労して雇った人材が、結婚や子育てを機に辞めることになるのは大きな痛手。その流れを食い止めるために、職場に企業主導型保育園を併設するところも増えています。

オフィスビルではよく見かけるタイプの保育園ですが、倉庫や工場といった郊外の現場でも増加傾向にあります。職場まで子どもとやって来て、保育園にあずけ、仕事へ出ます。保育園の併設は離職率減少に直結します。持続的な人材維持に貢献し、人材難に陥るリスクを大きく減らしてくれるわけです。

「そこまでお金をかけてまで人材をとどめる必要はない」

「人材はまた新しく採用して育てればいい」

こういう意見もありますが、実際に導入した企業の声を聞いてみると、金銭的にもかなりパフォーマンスが高いようです。

人材募集には１人当たり１００万円は軽くかかってしまう時代です。しかもその金額を投じて雇った人材が長く定着してくれる保証はどこにもありません。

そういったリスクを背負うくらいなら、企業とマッチ率の高い既存の従業員に引き続き働いてもらえる福利厚生を充実させるほうが、中長期的には企業に大きな利益をもたらしてくれることでしょう。

こういった憩いの場やライフステージに寄り添う施設を設けるアイデアも、職場の働き方改革となり、人材不足の解消に一役買ってくれます。

働き手は給与ややりがいだけでなく、自分の生活が守られること、福利厚生の手厚さや融通のよさを企業に求めています。彼らに寄り添った建物とは何か、現場の声にも耳を傾けながら検討していくといいでしょう。

こちらの食品工場はデザインを重視しつつ、最上階が製造工場、下の階には冷蔵庫や冷凍庫と機能性完備。さらに1階に食堂や保育所も入っていて至れり尽くせりの職場です。

●ツラい現場は機械に託す

■冷凍庫がアツい！

これからの工場や倉庫の作業は、機械による自動化が必要不可欠です。

「機械に仕事を奪われてしまうのでは」と危惧される面もありますが、人間の仕事が機械にすべて取って代わられる日というのはだいぶ未来の話といっていいでしょう。人間でないとできない仕事は山ほどあります。

むしろ日本は人口が減り続けているのですから、人間は人間にしかできない仕事に集中し、危険な仕事や人間だと心身に負担のかかる仕事は、どんどん機械に任せていくべきです。

自動化最大の利点は、人間にとって辛い現場を減らせることです。すなわち、誰もやりたくない仕事がなくなっていくのです。このメリットは会社にとっても働く人にとっても計り知れません。

以前にかかわった建設計画で、「これは熱いな」と感じたのが冷凍倉庫の自動化でした。マイナス30度の極寒の中で人間が作業するとなると、せいぜい30分が関の山で、その度に十分な休憩を挟む必要があります。従業員の健康が脅かされる上に、効率が悪いため会社の収益性も低水準となってしまいます。

そこで冷凍倉庫に機械を導入。機械式の立体駐車場みたいな構造で、冷凍倉庫の外にいる従業員がボタンを操作するだけで機械が冷凍品を収納し、必要な冷凍品を取り出してくれます。人間が倉庫内に入る必要はありません。

広さだけでなく高さも取れるので、縦横無尽に冷凍品をみっちり詰め込めます。

冷凍庫の出入り口までの移動には、マイナス30度でも耐えられる自動運転のフォークリフトを設置。動力源は、ガソリンだと凍ってしまうのですべて電動です。

冷凍倉庫の自動化によって24時間フル活動。

盛岡にある自動化された冷凍倉庫。24時間機械が稼働し、人間には出せないパフォーマンスを発揮しています。

効率は人間だけで作業していたころから劇的に向上しました。

■機械に奪ってほしい仕事から自動化を

人間だと作業時間が制限される冷凍倉庫のような、辛い現場から優先して自動化のメスを入れていく。機械に奪ってほしいところからの自動化が望ましいです。

前時代的なアナログ方式で稼働している倉庫や工場はまだまだたくさん存在します。冷凍倉庫のようなイニシャルコストのかかるものはなかなか決断が難しいかもしれません。しかし事業再構築補助金や大規模成長投資補助金といった大規模な支援事業もあるので、これら支援なども考慮しながら、最新鋭の機械を搭載した建物へと進化する発想はもち続けたいものです。それが人材不足解消や働き方改革につながり、経営の持続化にも貢献してくれます。

●「環境によい取り組み」を形骸化させないために

■自然発電の実際

近年では「エシカル就活」といって、企業規模や知名度ではなく、環境問題や社会問題の解決に取り組んでいる企業への就職を希望する若者が増えているのだとか。

人材採用において、課題解決への取り組みは重要なアピール材料になるということです。

「環境によい取り組みを行っています」

企業パンフレットやホームページでそう豪語する企業は多いですが、単なるポーズに過ぎず、「やっている感」だけ醸して実質的な効果を出せているのか疑問を感じることもあります。

建物のカテゴリでエシカルな活動というと、発電の一部を自然発電でまかなうというのが定番。環境にやさしく、比較的参入しやすい取り組みです。

代表的な太陽光発電は、太陽光を存分に浴びることのできる場所ほど優れていて、広い敷地を有する工場や倉庫ではとくに導入の見返りは大きいといえます。

しかし天気に左右されやすく電気供給は不安定です。電気の安定供給が必須の工場や倉庫にとっては、太陽光発電に依存しすぎるのはリスクがあります。蓄電池を置くことで安定性は増すものの、導入コストは大きくなります。

これら導入にかかる費用を回収するには数十年という期間が必要となる場合もあります。メンテナンスの度に余計に費用がかかりますから、回収の道のりは遠のいてしまい、財務の重荷となってしまっては元も子もありません。先々のコストも見据えて、十分な試算を行ってから、最適な数量の導入を決めていくべきです。

工場や倉庫の改修にかかわると発注者からよく「建物の上に太陽光パネルを置きたい」という要望は出てきます。ただ実際のところ、どこでも無条件で設置できるわけではありません。なぜなら、その元から建っていた建物は、太陽光パネルを設置する想定でできているわけではないからです。

屋根がパネルの重さに耐えられないといけません。その可否を判断するには、建物の構造と耐えうる重量を詳細に明記している構造計算書が必要になります。しかし40年も50年も前に建てられた建物だと、発注者サイドがこれを紛失していることも多いです。そうなると改めて建物を調査し構造計算をすることになるのですが、その手間は大きなものとなります。

結局は構造計算の手順を飛ばして太陽光パネルを設置している違法な建物も、いくつか実在しているようです。しかしもし屋根がパネルの重量に耐えられなかったらどうなるでしょうか。自然災害が深刻化の一途の中で、想定していない規模の風雨の負担によって太陽光パネルと屋根が丸ごと吹き飛ぶ可能性だって考えられます。大きな二次被害を招くことになったら、責任を負うのは発注者です。

「環境によい取り組みだから」と、構造計算など正式な手順を飛ばして設置するリスクは冒すべきではありません。設置するのであれば、必要な手続を済ませて、安全性を確保するようにしましょう。

ほかにも企業が採用できる自然発電はいくつかありますが、そもそも電気量はどれだけ取れるのか、コストを回収できるのはいつなのか、採算面には十分に気を配りたいところです。

風力発電は風が一方向から吹く場所でないとあまり意味がなく、メンテナンスにもお金がかかるため、あまり採用されていない傾向です。風力発電を置く敷地があるなら植樹をして緑地化したほうが、よほど地球にやさしい取り組みになることもあります。日本での風を利用した発電は、洋上風力発電がしばらく主流で、陸上はかなり限定された地域のものとなるでしょう。

地熱発電も近年は注目が集まっています。ただこれは、本当に地下に熱エネルギーが充満しているかどうか、掘ってみないとわからないという一か八かのギャンブル性の高い施設です。火山の麓といった熱源が近くにあるような立地であれば挑戦する価値はありますが、多くの地域では空振りで終わることが関の山でしょう。

日本は世界有数の火山国につき、地熱発電の秘めるポテンシャルは高そうですが、企業が単独で挑戦するにはコスト面のリスクが目につきます。国がエネルギー基本企画の一環として地熱発電の規模を拡げていく宣言をしているので、今後の開発の取り組み次第では、企業側がほぼリスクなしで施設できる日が来るかもしれません。

アピール材料になるからと、安易に建物や敷地の利活用として自然発電を採用するのは得策ではありません。コストに見合った見返りがあるのか、安全性も確保されているのか、必ず検証を行ってから取り入れるようにしましょう。

■木造建築への挑戦

建物の構造そのもので環境に配慮したアイデアとなると、なんといっても木造建築です。

２０２０年代に入ってから、木材を使った高層ビルの建設計画が増え始めています。２０２６年には、日本でもっとも高い地上18階建ての木造建築ビルが日本橋に建つ予定です。

鉄骨造に比べて木造は二酸化炭素の排出量が大幅に抑えられます。また伐採した木材と同等量の木を植えてまた自然の中で育てるというサイクルを生み出すことで、自然と調和させながら環境に配慮した経済循環を創出できます。

私も木造の３階建て本社ビルを建てる建設計画に参加しました。

50％以上の一次エネルギー消費量削減に成功した建物には「ZEB Ready（ゼブレディ）」

という認証が環境省から与えられるのですが、このゼブレディへの補助金制度が設けられています。

木造は鉄骨造と比べると空調設備を大幅に削減することができます。この木材の特性を利用してゼブレディを達成し、補助金を受けてコストを抑えながらの建設に成功しています。

このように木造建築は国の支援もあって挑戦しやすい基盤ができあがりつつあります。

とはいえ木造建築には大きな弱点があります。

有名建築家が建てた木造建築で最近頻繁に取り沙汰されているのが、木材の腐食問題です。

この問題の根幹は、木材を風雨にさらしていることにあります。逆にいえば、屋外にさらさなければ起きない問題です。

外壁はタイル張りにし、内部に木材を使う。このような木造建築であれば腐食を防ぐことができます。木材に特殊な塗料を塗ることで耐久性を上げる方法もありますが、定期的なメンテナンスは必須となるので、外壁は別素材を使うのがいいかなと思います。

木造建築にするメリットはたくさんあります。先述の補助金が取りやすいのもそうですし、木造建築そのものの支援金制度もいくつかあります。

そしてなんといっても断熱性能です。木は熱伝導率が低いため、室内の温度を逃しにくく、外の陽気の影響を受けにくいです。夏は涼しく冬は温暖な室内を保てます。省エネ効果は非常に高いのです。

また、木造は人の心を落ち着かせてくれます。木造のオフィスで働くことで、リラックスした状態を維持しやすく、働く人の満足度アップに貢献することでしょう。

木造の高層ビルが地球や人間に与えるプラス効果がより鮮明になったら、これから都心に続々と建設プランが立つかもしれません。コンクリートジャングルなんて呼ばれていた時代もありましたが、これからは本当のジャングルのごとく、木造が建ち並ぶ都会が形成されていく未来も実現しそうです。

木は自然由来のものゆえ、防腐や防虫など定期的なメンテナンスは必須かもしれませんが、大事に使っていけばほかの構造より長持ちします。現に日本には数百年と時を重ねている木造建築も実在しているわけです。

エシカルな木造建築が重視される社会は、いわば原点回帰。私も木造推しなので、この流れは嬉しい限りです。より分析と研究が進み、長持ちで丈夫な木造建築技術が提案されていくことを願っています。エシカルな建物に多くの人が集まれば、より持続的な社会の実現につながります。

●【コラム】木造建築の革新的発明「ＣＬＴ工法」

■建設業と林業の新たな救世主

　木造建築の需要が増えていくほど、日本の林業にも活気が生まれることでしょう。建設業と同様に、仕事がきついイメージの林業ですが、機械化が進み、人間が命の危険を伴って作業をする機会も減りつつあります。

　技術の進歩に安定供給される木材が、木造建築へと消費されていく。新しい雇用を生む上に、木材の「国消国産」が行えることは大きな意義があります。

　このような好循環を生む重要な足がかりとなったのが、ＣＬＴ（Cross Laminated Timber）と呼ばれる新しい建築木材です。ＣＬＴは分厚く、「ゴツさ」が売りとなっています。ゴツいため、仮に火事が発生しても、表面が焦げるだけで中は燃えにくい。木材最大の弱点であった耐火の基準をクリアし、高層の木造ビルも建設可能となりました。

　完成した建物は頑丈。木材は鉄骨とは違って軽く輸送費は安価、あらゆる工程で二酸化炭素の排出が抑えられます。まさにクリーンな建築といえましょう。地球にとっても、そして日本の建設業や林業にとっても、救世主となってくれる期待がもたれています。

第５章　地方建設は成功するのか

●肥大化する海外建設リスク

■日本は技術国からエンタメ国に

２０１８年に出版した拙著「ビル・倉庫・工場等の建設工事を発注する前に読む本」では、「海外建設のススメ」と題して、東南アジアを主体とした海外建設がいかにホットであるかを力説しました。

海外建設のメリットとして、工事費や完成後の維持費を含めた人件費が安いこと、災害リスクが低いこと、技術力も担保されていることなどを挙げました。

あれから6年ほど経ち、私の考えはまるっきり変わりました。「海外建設はもう熱くない」です。

その主な理由は第1章に書いた通りで、円安や地政学リスクの高まりによる部分が大きくなっています。

以前は日本と東南アジアでは賃金の差に大きな開きがありました。建物を建てる際の労務コストを抑えられましたし、完成後の稼働時も人材を現地採用することで人件費を相当安く済ますことができました。

しかしここ数年で状況はがらっと変わりました。東南アジア諸国の物価指数は軒並み上昇を続けており、人件費も高騰しています。追い上げ著しく、長く停滞を続けている日本と賃金差はかなり縮まってきた印象です。これでは「人件費が安い」という最大のメリットは雲散霧消、海外に建設するうま味はなくなります。

災害リスクについても、気候変動による異常気象から不確定要素が増えており、必ずしも海外で建てるほうが安全とはいえなくなっています。

また、現地の働き手たちもまた、日本企業傘下の建物で働くことにうま味を感じなくなっているようです。

その理由も明白で、待遇面では日本よりも中国や韓国など、ほかのアジア先進国の企業に軍配が上がるからです。

かつては技術を学ぶために日本の企業で働くことに憧れを抱かれていたものですが、日本以外のアジア先進国勢が参入してきた今、日本の魅力はほぼゼロに等しいものとなっています。

現地で働く人たちに「なぜ日本の企業で働いているのか」と聞いてみると、現状がまざまざ浮き彫りとなります。

「日本語を覚えて日本のアニメを観たいから」

「日本に観光に行きたいから」

　産業技術力は下落一方の日本ですが、エンタメの分野では依然として他国を牽引する存在です。技術を磨きたいとか給料がいいからといった理由で働いている人はほとんど存在せず、日本のエンタメに興味を抱く人だけでなんとかもっているような状況です。

　高い技術力を有した人材は、ことごとく他国の企業に持っていかれているのが、東南アジア諸国での採用市場となっています。

「失われた30年」の残酷さは、海外に行くとつくづく実感します。日本は技術力で完全に他国の置き去りにされています。

■海外から国内への舵切り

　海外建設のうま味が消えてきたことで、グローバル化をうたう企業も、海外の建設を控える傾向は強くなっています。

　一例でいうと、日本企業が多く進出しているミャンマーで2021年、クーデターが勃発。日本の大企業も事業の見直しを迫られ、現地事務所を解体する動きもありました。まさに地政学リスクの脅威を感じさせる出来事で、日本では考えられない急激な舵の切り替えを余儀なくされています。

とはいえ、各企業ともに本質的なポテンシャルを弱めるわけにはいきません。

そこで原点に立ち返り、日本国内、とくに地方への建設を画策する企業も増えています。

地方の建設は企業にとって本当に有意であるのか。具体的な計画を進める際にはどういった点に気を配るべきか。本章で考えていきます。

●半導体工場周辺は建設バブルまっしぐら

■ムーブメントで建設価格は上がる

まず考えないとけないのは「本当に地方の建設価格は安いのか」です。

土地代は都心部よりも安い傾向にはあるでしょう。しかし建設価格に関していえば、地域によっては都市部並みに高騰している場合もあります。

たとえば北海道の千歳市がそうでしょう。

千歳市ではラピダスという半導体メーカーの生産工場が２０２７年に完成予定。大企業８社からの出資を受け、日本政府からも大規模な支援を受けている、国の威信をかけて進められているビッグプロジェクトです。

工場の建設が決まって以降、千歳市周辺の地価は大高騰。賃貸の平均価格は発表以前の

2倍以上にまで跳ね上がっているといわれています。

建設価格もあり得ない上昇を見せています。千歳市はもともとたくさん工事案件が発生するエリアではなく、建設関連会社が少なめでした。そんなところに巨大な案件発注があったのですからさあ大変、地元周辺の建設関連会社が総出で工場建設にかかわるような事態となっています。

千歳市の建設案件はあぶれるくらいに潤っている状態。ですから新しい工事を発注しようにも不可能、頼めるとしても相当な金額を積まないと引き受けてもらえないところまできています。まさに建設バブルです。

同様に半導体関連でいうと、ＴＳＭＣの熊本工場、キオクシアの岩手県北上工場、マイクロンメモリの広島工場などなど、日本各地で千歳市のような建設バブルが巻き起ころうとしています。

このような局地的な建設価格爆上がりの地方に建設計画を発注することは、水準よりも高めのコストがかかってしまうことを覚悟せねばなりません。

■極寒の建設業界に舞い降りたムーブメント

このような期間限定かつ地域限定のムーブメントというのは、時代の潮流にあわせて必ずどこかで起こるものです。

思い出すのは２０００年代半ばの液晶パネルと太陽光パネルのブーム。

大手メーカーが我先にと各地に生産工場を設けていきました。私は当時関西を中心に仕事をしていましたが、大阪周辺の建設価格が短期間で跳ね上がっていったのをよく覚えています。

中でもシャープが建てた大阪府堺市の液晶パネル生産工場は約４３００億円規模の一大建設で、非常に印象深いです。

サプライヤーの工場も周辺に建てられていき、建設需要が一気に高まっていきました。この工場群は埋立地に建設されており、建設の際には深いところまで杭を打つ必要がありました。そのため杭打ち機がそこかしこの現場で取り合いという事態になり、杭打ちの費用が恐ろしいほど高値だったのが忘れられません。

この当時のバブルで感慨深い点は、ムーブメントの起きる直前の建設業界は冷え冷えの状態で、各社ともに案件を受注したくて仕方がなかったこと。私がかかわった太陽光パネル工場の建設案件でも10社くらいゼネコンが入札に入ってきたほどでした。

なんとしても案件を取ろうと各社必死で、価格競争が起こり、ムーブメントの入口では比較的安く工事が発注できるタイミングでもありました。

そんな景況も昔の話。一時期のムーブメントに加えて、再開発などで元来から仕事があふれているのが地方の現状につき、今では3社入札してくれれば御の字といったところ。よって価格競争も起きにくく、地方であっても工事価格が高値傾向になるのは避けられないのです。

安いからとりあえず土地をおさえてみたが、建設価格が高すぎて上物がつくれない。なんてことにもなりかねません。

実際にいくつかの地方建設プランが、工事費の高騰で先送りとなっている現状を見ても、ムーブメントが冷めるまで虎視眈々と発注を待っているところもあるわけで、過熱ムードはまだまだ続くと思われます。

■都市別の建材物価指数は要チェック

なるべく建設価格を抑えたいのであれば、限定ムーブメントによる建設バブル発生の中心地とは離れた場所から、土地を探していくのが常套手段です。

ただどうしても建設バブル発生地域に建てねばならない事情があるなら、バブルがピークを過ぎて冷め始めたタイミングに工事発注を考えるのがベターです。ポイントとしては、これら大規模な工事計画の情報を事前に細かくキャッチしていき、地元の建設関連会社が

「手すき」になるタイミングを見極めることです。

千歳市の半導体工場のケースなら、完成は２０２７年に予定されています。逆算すると基礎工事部分は２０２４年には終わっているはずなので、地元の基礎工事会社も２０２４年ごろから順次手すきとなっていくことでしょう。このタイミングで工事発注を打診していくのがおすすめです。

ただ地方にどかんと大きな工場ができると、その周辺にサプライヤーの工場ができたり、それらの従業員が住むための寮ができたり、飲食店や商業施設も建ち始めたりと、バブルが一巡するまでには長い時間を要することもあります。しばらく建設価格の高騰は抑えきれない状況となる可能性が高いので、きちんと都市別の建材価格指数を見てタイミングを見計らうといいでしょう。

また、現在は何も大規模工事建設の目処が立っていないところでも、水面下で計画が着々と進行している場合もあります。

旬な話題でいえばリニア工事関連がそうですし、まだまだ先の未来になるでしょうが量子コンピュータの生産工場が日本のどこかでいずれ築かれるのでは、とも噂されています。どこでどんなタイミングで建設価格が異質な高騰を見せるかは、巷のニュースを探るだけでなく、実際の建材の価格指数の動きを見ることでも「匂い」を嗅ぎ取ることができます。

●地政学リスクを逃れて日本に拠点を築く海外企業

■有事に備えてリスク分散

日本国内の企業が地方での建設に熱い視線を送る一方で、海外企業も日本での拠点建設に力を入れる向きが出ています。

たとえば、先ほども半導体ムーブメントの例であげたＴＳＭＣ。

半導体分野で世界最大級のシェアを誇るこの台湾半導体メーカーが、熊本県に工場を開所したのは２０２４年のこと。本稿を書いている現在、すでに熊本第二工場の建設にも着手しています。こちらは２０２７年末に本格稼働を目指しており、熊本周辺の建設バブルはまだ当分続くことになりそうです。

なぜＴＳＭＣは日本を選んだのか。その理由はいくつか挙げることができますが、なかでも日本が「安定している国」というのは大きな魅力に映ったのではないでしょうか。

台湾と中国は複雑な関係にあり、いつ中国が台湾に強制的な行為を行うかわからない、緊迫した状態が続いています。

もし中国との問題が表面化し、台湾国内の半導体工場の稼働に支障が出てきたとき、世界各国の半導体を必要としている産業にも大きなダメージを与えることになります。こういった地政学リスクを回避するため、いくつかの国に拠点を築いて、安定的に生産できるようリスク分散する戦略をTSMCは立てたわけです。

地政学リスクの観点でいえば日本は安定している部類にあるでしょう。国内でクーデターが起こることはまずありませんし、海外国に武力行使されるという緊急事態もないでしょうから。

■リソース豊かな日本

半導体をつくるにはきれいな水がたくさん必要で、日本には半導体をつくるのに適した、水の潤沢な地域がたくさんあります。これもTSMCが熊本を選んだ大きな理由の1つでしょう。

台湾は半導体の技術力ではずば抜けていますが、水というリソースが悩みの種。2021年には台風が一度も上陸しなかったことで水不足に陥り、半導体製造にも影響が出ています。水源が豊富な日本は世界最大の半導体メーカーにとって喉から手が出るほど欲しい土地条件かもしれません。

また人材というリソース面も大きいです。TSMCは日本より前にアメリカのアリゾナ州に工場を建設しているのですが、現地採用での労使関係の協議が円滑に進まず、稼働までのスケジュールが後ろ倒しとなっています。この先も大規模なストライキが発生すれば生産がストップする事態も考えられるわけです。

この点、いいか悪いかは別として、日本は真面目でストライキを起こすことは稀。少し前だと日本人を働かせるにはお金がかかるイメージでしたが、円安のおかげもあって人件費の負担も海外勢にとってはだいぶ軽減されていると見ていいでしょう。日本はリーズナブルでセーフティな人材の宝庫なのです。

最後に本題の地方建設に戻って、日本の技術で建てられた建物は丁寧かつ頑丈、生産性や収益性の高さも優れています。

ＴＳＭＣの事業が成功を収めたら、ほかの海外企業も続々と参入してくる可能性もあります。そうなれば、さらに建設関連会社は引っ張りだことなり、建設価格も暴騰していくことでしょう。

日本全体にとっては経済活性化の一端となりありがたい話ですが、建設工事を依頼する際には大きな懸念材料となってしまいます。海外企業の成功を見る前に、早めに工事依頼は出しておくに越したことはないでしょう。

●地方移転の難しさ

■経営は人ありき

建設価格は地方によっては都市部とさほど差がないことがわかったところで、続いて地方移転におけるデメリット面を見ていきます。

地方自治体によっては法人事業税の一部を免除するといった待遇を設けて、企業の地方移転を積極的に誘致していたりもします。

固定費削減にもつながるので持続的な経営の上で魅力は大きいものの、この点だけを頼りに地方移転を安易に決めてしまうのは危険です。

ある工場は、開所当時は田んぼに囲まれた立地だったのですが、開発が進むとともに周りは住宅だらけとなり、運営がしづらい環境となってきました。そこで地方移転を検討し始めたのですが、ここで思わぬ障壁と出くわすことになります。「地方に移転するなら会社を辞める」という従業員の声が方々から上がってきたのです。

従業員の多くはアクセスのしやすさを利点の1つとしてこの工場で働いていました。移転が決まれば通勤時間は確実に伸びてしまうし、人によっては引っ越しも考えねばなりません。それならば転職を考えたいというわけです。

長く勤めてくれた熟練の技術者を手放すわけにはいきません。先々の維持費管理の上では魅力でしたが、人財を失ってまで断行するべきではないと、地方移転を諦めました。

拠点を地方に移転させるというのは、お金さえ投じれば可能ではあります。しかし人という貴重な資産も一緒に移転することは、企業の一存だけではどうにもなりません。地方移転の難しさはここにあると思います。

移転先で新たに人材を募集するとしても、一人前に育てるまでには多くの時間とお金を投じることになります。一時的に企業価値は目減りすることになりますし、売上減少も覚悟で望まないといけません。

いかに自動化への移行が著しい時代であっても、人にしか担えない仕事は存在し、それが企業経営の大部分を占めています。

多くの地方で減税特典などさまざまな金銭的メリットを用意していても、なかなか地方への誘致が思うように進んでいないのは、人材面での懸念が大きいからではないでしょうか。

大手企業では地方移転を決め、経営をさらに良化させているところもあるにはあります。しかしこれをモデルケースとして中小企業が丸ごと真似るのは得策ではありません。

大手によっては、移転を名目として、人材削減を画策していたケースも見受けられます。つまり当初から人材が離れることを当てにしての移転なのです。人件費削減、そして土地代も削減と、一挙両得を狙っていたのです。

人材が常に枯渇している中小企業は、そういった鉈を振るうような、従業員の思いを無視した決断はできません。今ある拠点を崩してまで、企業の全機能を地方へ移転することは私は推奨できません。

■分所としての増設がベター

既存の営業所は残したまま、事業拡大の一環として新しい営業所を地方にオープンする。これなら地方建設のデメリットを少なくすることができます。

つまり人材の大部分も現地で新たに採用することを前提とした増設です。

とはいえ、既存の営業所と同等級の人材をいきなり集めるというのは至難の業。そこで既存の建物をコピーアンドペーストした新規営業所を建てるのではなく、グレードアップした機材やツールを多数取り入れるようにしましょう。

オフィスであればＤＸを積極的に取り入れ、属人化をなるべく排除した労働環境を目指すべきです。工場や倉庫であれば最新の機材を取り入れ、より自動化を加速させた建物に進化させるのです。

分所を建てるほどの余裕がないのであれば、地方建設は推奨できません。今の土地で建て替えなり改修なりでグレードアップを計画するのが無難でしょう。

●「ソフト」と「ハード」を並行で決めていく

■物件が先か、中身が先か

製造業などの特殊な機械を導入する建物の場合、建設計画は「物件を先に決めるべきか、導入する機械を先に決めるべきか」で悩むことになります。ただ機械を先に決めるというのは現実的に難しいです。どういった形状形質の土地を買い、どのような構造の建物を建てるか次第で、導入できる機械も変わってくるからです。

そこで先に土地を決めて、続いて機械を決めて、建物を決めていく。という直列のプランを立案することになるのですが、これだと計画遂行に時間を要するデメリットが発生します。そしてこれが発注者にとって手痛い結果を招くことになるのです。

なぜかというと、新たに取得した土地は、規定の期間までに建物を建てなかった場合、不動産取得税減税の恩恵が受けられなくなるというルールが設けられているからです。要件によりけりですが、だいたい土地取得から3年以内に建てなければなりません。

　しかも土地によっては農地転用許可申請や開発許可申請など、行政を相手にさまざまな手続を行うことになります。これら煩雑な手続が落ち着いた後に建物や機械を決めるのでは、３年以内では到底間に合いません。

　結局、後手後手となりデッドラインが迫ってきて、慌てて建物や機械の手配を行ったところ、想定よりもだいぶクオリティーの低い営業拠点を高値で築くことになってしまう。こうなってしまっては目も当てられません。

■建物と機械を同時に着手

　間に合わせで急ぎ契約すると建設会社サイドにも足元を見られてしまい、ふっかけられてしまう可能性は否定できません。

　そこで事前から心がけたいのは並行作業。土地候補をいくつか絞り込んだタイミングで、建物と機械のプランニングにも着手していくようにしましょう。

　こうなると社内のプロジェクトチームだけでは手に追えなくなるので、外部の力は活用していくべきでしょう。イニシャルコストはかかってしまうかもしれませんが、先ほどとは正反対の高品質な理想の建物が建つので、完成後のランニングコスト面でははるかにお得となります。

この手順に従えるかどうかで、建物も経営も、長持ち体質なものになるかどうかが決まってきます。

●土地が安いからと迷わず飛びつくのは危険

■インフラ条件の確認は必須

本章の最後に、地方建設の肝となる土地の選び方について言及していきます。

まず前段の話として、土地取得後に建築確認申請を自治体もしくは指定検査機関に提出することになります。これは「こんな建物を建てるので、法律にきちんと則っているか確認してね」という内容を盛り込んだ書類です。どんな建物であれ必ず提出し確認してもらうものです。

これとは別に確認許可申請というのもあります。これは市街地調整区域という、建物建設を制限された区域に建てる際に必要な手続になります。

さらに土地の形状を変えたりなどかなり手の込んだ工事を要する際は、開発許可申請も行うことになります。

といった具合で、土地を買って建物を建てる際にはさまざまな手続が必要となります。

このような話をした理由は、土地購入後にこれら手続をしてみたところ、「実は開発ができない場所だった」「そもそも何も建ててはいけない場所だった」という事実が発覚するケースがざらにあるからです。

中には電気ガス水道といったインフラがまったく引けておらず、想定外の引き込み費用を背負うことも。このような事態を招くことのないよう、購入前に確認は念入りに行いましょう。売ってしまえば後は知らんぷり、という無責任な不動産会社も少なからずいることを踏まえておくべしです。

不動産会社サイドの知識が足りず、買った土地に不備があり、思い描いていた建設ができなかったという悲惨なケースもあります。

たとえば取得した土地に建物を建てようと自治体に申請したところ、「必ず接面道路の道幅は6メートル以上であるように」と指示を受けたとします。もし現状道路幅が4メートルであれば、6メートルへ拡張する必要があり、取得した敷地の一部を削って道路に分け与えることになります。これ自体はよくある話です。

ここでいう6メートルの接面道路というのは、幹線道路から土地までの道が一貫して6メートル以上であることを意味しています。

もし幹線道路から土地までの道中に橋があって、道幅が4メートルしかなかったらどうでしょうか。橋を勝手に拡張することはできません。できたとしても大規模な工事を必要とします。つまり望んだ建物が建てられなくなる「詰み」の状態に追い込まれてしまうのです。

こういったケースは発注者側も仲介した不動産会社も「まさか」の展開。専門的な知識を有する人がおらず、事前の確認を怠ったがために起こるトラブルの一例です。

■ローカルルールに強いガイドをつける

開発許可申請を行う場合、自治体と事細かにやりとりすることになります。1つの部署だけでなく、いくつもの担当部署をわたることになり一苦労です。

自治体との連携は極めて重要であり、これをしっかり行えるかどうかで、建てる建物の生産性や収益性を左右するといっても過言ではありません。

開発許可は都市計画法に基づいて基準がつくられていますが、ほかにも自治体ごとの条例が設定されているのが定番です。中にはほかの自治体では見られないその地域ならではのローカルルールもあり、「こんなルールがあると知ってたら買わなかったのに」と後悔することもしばしば。

しかし意外と自治体との交渉によっては基準が緩められることもあります。担当者によってもルールの解釈が変わったりするので、この辺はまさにローカルルールといったところでしょう。

たとえば､広い区画を買い分譲住宅を建設するとなると､先方から｢道路はこうしなさい｣｢近隣への説明会はこうしなさい」といった一般的な指示から、「カーブミラーはすべての曲がり角に付けなさい」「ここの曲がり角は角を削って斜めにしなさい」といった、かなり細かいところまでチェックを受けます。

これら指摘は法律上の厳密なものではなく、現地の状況を見た担当者から現場レベルで受ける指示の部分。交渉によっては緩和してくれるケースもあります。

外からやって来た新参者だと、ローカルな交渉というのはなかなか難しいもの。そこでこういったローカルルールに強い地元密着型の開発許可代行業者を味方に付けておくといいでしょう。

彼ら開発許可代行業者はローカル交渉のプロというべき存在で、多くは不動産会社に相談することで紹介してもらえます。私も「これはローカルのプロが必要だな」と思ったときは、地元の設計事務所や不動産会社を訪ねます。地元は地元の人に紹介してもらうに限りますね。

ローカル交渉のプロの多くは測量会社に所属している方が多いようです。彼らは地域に長く根付き、何度も自治体とコンタクトをとって測量事業をこなしているので、対自治体の攻略法を熟知しています。こちらの提案に自治体が頑なに首を縦に振ってくれなかったとしても、彼らプロが「以前はこうでも大丈夫だったじゃないですか」と判例を示し懐柔してくれることで、スムーズに許可が降りることもあるので大助かりです。

ローカル交渉のプロは、発注者と地域をつなぐ仲人のような存在。心強いガイドなので、慣れない土地を購入する際はプロジェクトチームへの加入を検討するといいでしょう。

■規模に応じて適用される法律が出てくる

施設拡大のために、すでに所有している物件の隣に土地を購入する際も注意が必要です。敷地面積を拡げて増設を行おうと企画したところ、むしろ建物面積を狭くしないといけなくなった。なんて本末転倒な悲劇に見舞われることもあります。

ある工場から「隣の土地を買ってさらに大きな工場に改築したい」という相談を受けました。

さらに拡げるとなると法律上の要件も変わる可能性があり、十分に調べる必要がありました。

調査したところ、拡大によって土地面積が９０００㎡を超え、この土地は工場立地法の対象区域となることがわかりました。それはつまり敷地面積の25％以上は緑地や広場や太陽光発電施設といった、環境施設面積を確保しなければならないことを意味しています。

ここからさらに厳密な計算を行ってみたところ、なんと、敷地を広くするはずなのに、工場立地法に引っかかることで建物は狭くしないといけないという驚愕の事実が判明したのです。

すでに購入に向けて計画を進めていた真っ最中でしたが、この事実を伝え契約寸前でキャンセルとなりました。

これも本来であれば不動産仲介会社が気づくべきなのですが、小さい土地の取引ばかり扱うところだったため、工場立地法に引っかかるかもしれないという発想すらもたなかったのでしょう。そもそもそんな法律を知らなかった可能性すらあります。

工場側もこれほどの思い切った買い物をするケースは滅多にないですから、まさに寝耳に水の事態でした。

もし購入した後にこの事実に気づいていたら後の祭り。工場を改築するという選択肢はあり得ないので、また土地を売りに出すしかなかったことでしょう。私たちのような専門知識をもつアドバイザーがいなければ、ただお金と時間を無駄にするところでした。

●【コラム】郷に入っては郷に従え

■新天地での建設で受ける洗礼

企業にとって、不慣れな土地での建設はなかなかにハードルが高いものとなっています。本章に書いた通り、とにかくローカルルールが多いのです。

たとえば消火栓ボックス。法律上では、表示灯自体は赤色と規定されているものの、ボックス全体の色は「目立つ色にする」という程度で厳密な色の指定はありません。

「前の建物と同じ色がいい」と、新天地での建設時もベージュにしたところ、地元の消防署から「この色はダメ、うちの管轄では必ず赤なんです」と指摘を受け、やり直しを余儀なくされる。こういったローカルルールに悩まされる事態が、消防だけではなく色々な部署とのやり取りの中で出てくるのですから、各部署に申請を出す担当者は一苦労です。

地方自治体の企業局直々の、熱烈な歓迎を受けての誘致建設。「お墨付きなのだからいろいろと取り計らってもらえるだろう」と満を持して各部署に手続申請したところ、ガチガチのローカルルールに打ちのめされることもよくある話。だからこそ、地方自治体の各部署と幾度となく連携しているローカルガイドは必須というわけです。

第６章　生まれ変わる建設業界

●発注者に寄り添い過ぎた建設業界

■顧客至上主義の代償

仕事柄、たくさんの建設工事の現場に足を運ぶのですが、建設会社サイドからため息まじりでこんなことをいわれることがあります。

「工期を短くするよう上（ゼネコン）に急かされてて」

「クライアントが内装の変更を提案してきて」

発注者から無茶な要求があったり、あるいは発注者の意見を受けて元請けのゼネコンが発破をかけてきたりと、理不尽なプレッシャーで疲弊している現場にたびたび出くわします。

建設業界はただでさえ仕事内容が「キツい」ブラックな産業。これに加えてさらに発注者ありきの完全受注生産の案件が大半ですから、顧客至上主義に走ってよりブラック化を加速させているわけです。

構図としてはモンスタークレーマーが役所の負担を増やしているのと同じです。ゼネコンら上層部が発注者サイドに寄り添い続けてきた結果、現代の過酷な工事現場ができあがってしまったのかもしれません。

たとえば間取りの変更が可能なタイプのオプション付きマンション。入居予定者にとっては自分好みな内装にアレンジできる点が魅力ですが、現場で働く人にとってはブラックの温床となりやすいです。

すでに内装プランが決まっていた部屋でも、工事の途中「実はこの部屋のお客さんから変更依頼があって」と、統括するマンションデベロッパーからいわれたら、現場は渋々したがうしかありません。

各施工会社にとってみれば、最初はデベロッパーの1社が顧客だったのに、途中から数百人規模の顧客に増えるわけです。

こういった、発注者の要望を重んじすぎたばかりに、現場の苦労が無視されているケースはたくさん見聞きしてきました。

一方で、海外には「スケルトン・インフィル」というタイプの建物が多いです。これは簡単にいえば、建物の骨格だけをつくって発注者に明け渡すもの。完成直後、中身は何もなく、ただ広い空間があるだけです。明け渡し後、入居者が自由に施工会社を選んで、好きに間取りを設定し、自分好みな装飾をしていく方式です。

完成したら即入居という考えが日本には染み付いているため、このスケルトン・インフィル方式には抵抗があるかもしれません。顧客至上主義な現在の建設業界の理念の、対局にあるのがこの方式といえそうです。しかしこれこそが、現場で働く人たちに寄り添った、現場負担の抑えられた建物のあり方ともいえます。

すべての建物をこの方式にするべきとはいいませんが、もう少し現場に耳を傾けた建設現場が増えてもいいのに、とは切実に思うわけです。

■求められる急務の変革

発注者に寄り添いすぎて現場が無視されてきた日本の建設業界。その結果どうなってしまったか。

単純な話で、「ブラックすぎる」ということでどんどん人が離れてしまいました。

働き方改革法案が施行されるより前の建設業界は、長時間労働は当たり前、休みなんてないのが普通、という風潮でした。誰かがこの働き方に疑問を呈しても、「それが建設業界だから」の一言で一蹴されてきました。

そのツケが現在に回ってきていて、建設業に従事する人が減り、現場は慢性的な人手不足に悩んでいます。

私は以前出版した「ビル・倉庫・工場等の建設工事を発注する前に読む本」にて、日本の教育はマネージャー育成に余念がないこと、頭を使う人材を育てることが主体となっており、海外からの労働者を積極的に取り入れていくことになると予言しました。

その通りにこの数年で外国人労働者は一気に増えることとなりましたが、「それだけでは建設業界はまずい」ということもわかってきました。

日本独自の「技術」が養われないのです。

外国人労働者はお金を稼ぎに日本へ来ているわけで、いずれ帰国するのが大半です。日本に永く住み技術力を磨いて、日本の建設業界に貢献し続けるという人材はごくごく少数派です。

現場で実際に作業する人が外国人労働者ばかりだとどうなるでしょうか。もう10年かそこらで老練の日本人技術者がいなくなり、日本の建設業界には頭でっかちなオフィスワーカーと、限定雇用の外国人労働者だらけになってしまいます。

工事のプランニングが得意な日本人はわんさかいても、高い技術力で現場の質を高める日本の建設は皆無となっていくわけです。

この先も円安の状態が続けば、日本での労働が大した稼ぎにならないという認識が定着し、技術力の高い外国人はほかのより通貨価値の高い国を労働の場として選ぶようになるかもしれません。日本人の技術者もおらず、外国人労働者にも見放されたら、日本の建物の質はどんどん下がっていくことになるでしょう。

外国人労働者に人手不足を補ってもらうのは重要な施策ですが、あくまでこれは補足手段に過ぎません。

メインの手段は、やはり日本人の技術力を磨いていくこと、これしかありません。ここに軸足を置き続け、ブレずに突き進んでいかなければ、建設分野において日本が再び脚光を浴びることはないでしょう。

というのが私の現在の建設業界に対する見解です。

●現場優位時代の建設へ

■ゼネコンが協力会社に懇願する立場に

「発注者に寄り添い過ぎたために日本の建設技術は低下した」

ここまでの文脈からそのように感じるかもしれませんが、決して発注者に罪があるわけではありません。業界に蔓延っている発注者優位という価値観に間違いがあったといいたいのです。

そしてこの間違いの根幹は、発注者と折衝するのがゼネコンというブレーン集団であり、その協力会社に位置する施工会社がゼネコンの指揮下で技術を駆使して現場で働くという、複層型の構造で工事が進められているところにあります。

発注者と協力会社が直接対話する機会が少なかった。

ゼネコンは発注者に弱く、協力会社に強い立場にあった。

だから、現場で働く人たちのことは後回しにされてきた。

このような組織構造が現場の人離れを加速させ、負のスパイラルを生み出してきました。

この発注者優位の価値観は次第に失われつつあります。

現在の建設業界は、ゼネコンと各施工会社の立場が逆転しつつあり、現場優位の時代がやって来ようとしているのです。

ゼネコンサイドとしてはたくさん仕事を受注したくても、人手不足の協力会社は案件にあふれているため、新規の仕事を受けられないような状況です。ゼネコンが仕事を欲する協力会社へ現場を割り振っていた権威的な立場から、「この現場に行ってもらえませんか」と協力会社に懇願する立場となりました。

そうなると自然、人気タレントのギャラが跳ね上がっていくのと同じように、引っ張りだこになった各施工会社の報酬は値上がる傾向になります。そしてそれが発注者の建設コスト増の一因にもなっているわけです。

■チャレンジする建設業界へ

この現場優位時代が建設業界そして社会にどういった影響を及ぼすでしょうか。

施工会社の取り分が増えれば、現場で働く人たちの待遇もよくなります。この流れが持続すれば、また建設業界に憧れて入ってくる人材がたくさん出てくるはずです。腕の立つ人材やアイデアを豊富にもつ人材が参入し、技術低下著しかった建設業界を盛り立てていくことでしょう。

専門業を営む施工会社にたくさんお金が流れていけば、技術躍進や新工法の開発といった、次世代に向けての取り組みに注ぐ余裕も生まれてきます。少ない人員でこれまで以上のパフォーマンスを発揮できる技術や、現場作業者の負担を軽減させる画期的な環境改善案、より安価で質の高い建物づくりが実現できるようになるかもしれません。

実際にゼネコンなど建設業界の大手が中心となって、さまざまな積極的チャレンジに勤しみ、業界に人々の注目を集めようとしている向きがあります。

このようなチャレンジが実を結び、大きなイノベーションが起これば、建設工事の需給バランスが一気に良化するかもしれません。今よりも圧倒的に高いコスパを実現した建設工事が依頼できる未来が訪れても不思議ではありません。

それは非常に時間のかかる話かもしれません。しかし必ず、発注者サイドや社会全体に還元されていくものなので、いまは辛抱の時期ではありますが、この高騰の時代を乗り切っていくしかありません。

建設業界は今、生まれ変わろうとしています。

●建物が伝統工芸になる日

■原点に帰っていく日本の建設

日本の伝統工芸が再評価を受けています。

サステナブルな社会を実現するための活動が重要視されている世の中ですが、伝統工芸はまさにこの概念に合致しているといえます。地域にある天然の資源をふんだんに利用したものが主体であり、しかも少ない資源で質の高いものをつくることができ、有害な物質をほとんど出すことなく、地域活性化にも寄与しています。近年の大量生産大量消費時代に生み出された使い捨て品とは一線を画し、壊れたら修理して長く使っていくという発想源もまさしくサステナブルといえます。

長年の試行錯誤と精緻な技術力によって編み出された芸術的造形は人々を魅了し、日本を飛び出し世界中に需要を生むようにもなっています。

日本の建物も本来であればそうなのだと思います。日本で採れた木材を使い、スクラップアンドビルドではなく長く使っていける、地球環境にもやさしいエシカルなものが、かつての日本の建築のよさでした。

日本の建築は元来からサステナブル。その気質を取り戻し、原点のままにやっていけば、建物技術が日本の伝統工芸の1つになり、大きな注目を浴びる日もいずれ訪れることでしょう。第4章でも触れた木造の高層ビル建設への挑戦は、まさにその取り組みの1つといえます。

■リスペクトされる風土をつくる

伝統工芸には目下の課題があります。御多分にもれず、やはり人材育成です。職人が育たず廃業に追い込まれる伝統工芸産業は年々増えるばかりです。

建物の世界も同じで、高い技術力を有した若い職人が少ないのがネック。後期高齢者が第一線で活躍している現場も頻繁に見かけるのですから驚きです。

日本の建物が伝統工芸になるまで価値を高めていくなら、若い職人がすくすく育つ環境づくりは欠かせません。

海外に日本の建築技術や技能を教えるための学校を設けるニュースを見かけるようにな

りました。彼ら海外人材に手ほどきし、建設業界の未来を託すことももちろん大事ですが、日本の建設にかける魂と根本の技術力を高めるためには、日本人の育成も急務となります。ある大手建設会社では、２０２４年度の職人候補採用を前年の3倍に増やしました。建設業界は職人不足を憂えているのです。

もっと職人という仕事が尊敬されるもので、働き方も有意義で、そして何より稼げる仕事であるということを、事実をもって世に提示できる風土を建設業界に養わねばなりません。

建築に限った話ではないですが、企業と自治体が組んで、ものづくりの学校を設け育成に力を注ぐというケースもあります。このように、企業だけでなく地域や国を巻き込んで、建設職人のイメージを塗り替えていく下地づくりが求められています。

建設業界内外を巻き込んだこれらの活動なくして、日本の建設の再起はあり得ません。次第に育成環境が整っていき、大きなイノベーションによる劇的な職場改善も実現されれば、建設職人が人気職業の上位に来る日も決して夢ではありません。

現場優位時代の到来も相まって、職人が順調に増えていけば、建設業界全体が受注できる建設案件の数も増えていくはず。建設価格の上昇が穏やかになり、円安や材料高騰も落ち着けば、いよいよ建設価格の「天井値」が見えてくることでしょう。

●【コラム】競争激化なCM界で求められる真価値

■私たちが提供するのは最良の解決策と高精度なプラン

ＣＭ業界も競争が激しくなってきました。第２章末でも書いた通りで、優秀な要綱が出せないとゼネコンが振り向いてくれないのが現在の建設業界。発注者も優れたＣＭを探すことに力を注ぎ、複数のＣＭに声をかけ比較するのが主流となりつつあります。

ただ単に要綱書づくりやゼネコンから上がってくる見積書の評価ができるだけでは、現代のＣＭは生き残ることができません。それ以上の価値を提供する差別化が必要です。

そこで私たちはあえてＣＭと名乗らず、代わりに「アーキソリューション」を提案する者たちであると自己紹介するようになりました。建設の最適解を導き出し、発注者にとっても建設会社にとっても最良な建設工事実現を目指し励んでいます。

建設会社のグループにいるため、最新の建材原価に明るいことも私たちの強みです。見積もりの段階から、より発注者の想定予算に近いプランニングを行うことができます。

これらの強みをアピールできるからこそ、ＣＭが増加していく中にあっても、発注者に指名してもらえ、発展を続けられているのだと思います。

おわりに

本書は「建設価格が高騰の一途であり、そのような中でも発注者が必要以上の損失を被らないための方法」を伝える、発注者の方のための1冊です。

同時に「今のこの著しいほどの価格上昇は、日本の建物の真の価値が図られるチャンス」であることを多くの方に知ってもらいたく、筆を執ることにした面もあります。発注者や建設業界関係なく、日本全体が抱く建設に対するイメージを変えたくて書いた本なのです。その本旨の部分や本書にかける思い、未来への展望は、第6章でできるだけコンパクトにまとめさせてもらった次第です。

建物は高額かつ大規模ゆえに、その価格が本当に適切であるのか、正しく各施工ごとの価値に対して真っ当な金額が割り振られているのか、業界内の人間でさえも正しく把握できてはいません。

今のこの価格の大幅な見直しによって、現場で働く人の隅々までお金が過不足なく満遍なく渡っていけば、建設業界は大きく飛躍し、世界に引けを取らない技術力を有していき、返り咲けると信じています。

まだまだ課題はあります。国主導下で働き方改革を推進していますが、それでも現場で働く人たちの完全な待遇改善には至っていません。現場で働く人たちの声を聞いているので私にはわかります。もっと改善の余地はあることでしょう。

また、日本は技術力を高めるポテンシャルを秘めていて、真面目な性格なのは素晴らしいことなのですが、どうも脇の甘いところが目立ちます。努力の積み重ねによってせっかく素晴らしい技術を生み出したとしても、海外においしいところをもっていかれてしまうことがよくあるのです。

日本が誇る液晶パネル技術も、資金稼ぎのために海外へ技術供与をしたがために、お家芸的な独占状態だったシェアをみすみす手放すことになってしまいました。

このような甘さによる技術流出というのは、日本では本当によくある話。日本の未来を守るためにも、同じような失敗はもう2度と繰り返してはなりません。

このような面も含めて、引き続き建設業界内外にわたっての支援は、必要なのではないかと感じています。

大量生産で安価な商品は海外に任せ、日本は少数精鋭の高い技術によってつくられる、長持ちで高価値の建物づくり技術を守り育てていければと思うところです。

そうすれば今の建設価格高騰の我慢が報われる日も来ることでしょう。

いちばん受け入れられないのは、価格高騰を理由として、必要以上に発注者へのコストが増えてしまうこと。これは絶対に避けたいところです。
そのためにも、私たちは発注者と建設会社の間に立って、発注者の負担減のためにも、そして建設業界の発展のためにも、日々精進していきたいと思います。本書もその一端を担えることを祈って、筆を置きたいと思います。ありがとうございました。

作本義就

著者略歴

作本　義就（さくもと　よしなり）

Agec 株式会社代表取締役　1 級建築士　1 級建築施工管理技士

清水建設株式会社勤務時代に現場管理を任され、多数の建設プロジェクトに関わる。

２００６年に Agec 株式会社を設立。発注者と建設会社の間に立ち、高品質かつ合理的な建設工事を実現させる建設アドバイザー業務に従事。

工場や倉庫の建設を得意とする三和建設株式会社グループとしての強みを活かし、最新の建設原価や工法を把握しながら、ベストなアーキソリューションを顧客に提供する。

著書に『建設業のための営業力 & プレゼン力向上術』（同友館）、『ビル・倉庫・工場等の建設工事を発注する前に読む本』『会社を大きくしたければ、異業種の「展示会」をフル活用しなさい』（セルバ出版）。

社長、建設価格が底値をつけました！

2025年 1 月20日　初版発行

著　者　作本　義就　© Yoshinari Sakumoto

発行人　森　　忠順

発行所　株式会社 セルバ出版
〒 113-0034
東京都文京区湯島 1 丁目 12 番 6 号 高関ビル 5 B
☎ 03（5812）1178　　FAX 03（5812）1188
https://seluba.co.jp/

発　売　株式会社 三省堂書店／創英社
〒 101-0051
東京都千代田区神田神保町 1 丁目 1 番地
☎ 03（3291）2295　　FAX 03（3292）7687

印刷・製本　株式会社 丸井工文社

Printed in JAPAN
ISBN978-4-86367-941-2